사회적 가치 비즈니스

사회적 가치 비즈니스
착한 기업이 세상을 바꾼다

2020년 3월 2일 초판 1쇄 인쇄
2020년 3월 9일 초판 1쇄 발행

지은이 최인석
펴낸이 여승구
편 집 김수미
디자인 나디하 스튜디오
펴낸곳 지형

출판등록 2003년 3월 4일 제 13-811호
주 소 서울시 마포구 와우산로15길 10, 201호 (서교동) (04049)
전 화 02-333-3953
전 송 02-333-3954
이메일 jhpub@naver.com

ISBN 978-89-93111-43-9 (03320)

* 이 책의 국립중앙도서관 출판사도서목록(CIP)은 e-CIP홈페이지(http://www.nl.go.kr/ecip)와
  국가자료공동목록시스템(http://www.nl.go.kr/kolisent)에서 이용하실 수 있습니다.
  (CIP제어번호: 2020007742)

사회적 가치 비즈니스
착한 기업이 세상을 바꾼다

최인석 지음

Don't
Buy
This
Jacket

지형

빈곤의 심화, 빈부격차의 확대 등 자본주의의 문제에 대한 비판의 목소리가 높아지고 있다. 동시에 이를 치유하기 위한 방법으로 사회적 가치가 부상하고 있다. 저자는 정치철학과 경영을 전공하고 현실 세계에서 정부·기업·비영리·사회적 경제 등 다양한 분야를 거쳐, 이 거대한 문제의 역사성과 현실적 특징을 냉정하게 이해하고 기업들을 위한 실질적인 대안을 제시하는 데 적합한 인물이다. 그 첫 번째 대안이 이 책이다.

이철희(정치평론가, 전 국회의원)

이 책에서 깊이 공감한 부분은 사회적 가치를 기업 미션으로 삼든, 경영전략으로 삼든 중요한 것은 가치사슬에서의 혁신이 요구된다는 점이다. 그리고 혁신 없이 기존 방식의 결과를 나눠 주는 단순한 사회활동은 이제 밀레니얼·Z 세대에게 식상한 시대가 왔다는 점이 흥미롭다. 많은 사례를 통해 가야 하는 길을 보고, 또 다음 단계로의 과제도 얻어 간다. 사회적 가치와 비즈니스의 다양한 문제로 씨름하는 분들께 추천한다.

최혜정(코너스톤포굿 대표)

다양한 가치사슬 단계에서 사회적 가치를 반영하여 차별화와 경쟁우위를 바탕으로 지속성장의 경영전략을 수립해 가는 국내외 기업 사례를 접하면서, SK 그룹에서 추진하고 있는 '소셜 벨류(Social Value) 창출', 즉 고객과 이해관계자들의 사회적 페인 포인츠(Pain Points) 해결을 통한 신규 비즈니스 모델(Business Model) 개발의 개념 정립에 필요한 책으로 보인다. 또한 앞으로 출간될 사회적 가치 평가 및 계량화를 비즈니스에 활용하기, 사회적 가치 비즈니스 모델 개발, 사회적 가치 기반 마케팅 등도 기대가 된다.

박진홍(BM 혁신실장, SKC 미쯔이화학)

전 세계적으로 사회적 가치가 중시되고 있는 시점에 사회적 가치의 개념 및 히스토리에 대한 이해를 높여 주고, 또한 사회적 가치가 비즈니스에 반영될 때 고려해야 할 포인트를 다양한 사례로 설명하고 있다. 소셜 벤처를 창업하려고 하거나 사회적 가치를 반영한 정책이나 기획을 하려는 이들에게 필독서로 추천한다.

강태현(대전창조경제혁신센터 소셜벤처본부장)

밀레니얼 세대뿐만이 아니다. 기성세대를 포함한 시민사회 전체가 이제 '착한 척'하는 정치인과 기업인에게 질려 버렸다. 탐스슈즈처럼 생색내기식 기부를 하며 성장해 온 2010년대식 착한 기업 모델은 이제 깬 소비자를 감동시키지 못한다. 이 책은 2020년대 사회적 가치 비즈니스를 고려하는 기업인에게 실용적인 가이드북이 될 것이다.

조진서(*Harvard Business Review* 한국어판 편집장)

사회적 가치는 영국의 경제뿐 아니라 사회 전체에 담론의 수준을 넘어 규범으로 자리 잡았다. 앞으로 사회적 가치를 지향하고 이를 잘 반영하는 기업들이 미래의 새로운 자본주의를 규정짓고 더 나은 사회를 만들어 갈 수 있다. 이 책은 그 길잡이로 충분하다.

애덤 카이버드(영국 The Young Foundation, 혁신 및 투자 담당 디렉터)

CGSI는 방글라데시 농촌 지역의 젊은 여성들에게 창업을 통해 자립할 수 있도록 영감을 주고 도왔다. 이 책은 비즈니스를 통해 편견과 한계를 극복하고 사회적 가치와 임팩트를 넓히려는 모든 사람에게 훌륭한 매뉴얼이자 가이드이다.

샤히드 악바(방글라데시 BIID 매니징 디렉터)

✦ 차례

흔히 이야기하는 패러다임의 변화는 기존의 패러다임 내부에서 변화의 단초를 제공하는 경우가 많습니다. 그 작은 불씨가 안에서 커져 결국 주변의 모든 것을 태웁니다.

지금 세상에서 벌어지고 있는 변화도 지난 몇 십 년간 세상을 지배했던 생각과 방식이 원인이 되어 일어나고 있습니다. 세계화와 자본의 자유로운 이동, 경쟁의 글로벌화, 지나친 시장주의, 과도한 규제완화와 같은 신자유주의의 영향으로 기업들은 주주들의 이익을 극대화하기 위한 수익 창출에 전념하고, 이를 위해 정교하고 치밀한 방식을 개발해 왔습니다. 만들어진 이익은 다시 영리하게 고안된 방식에 의해 재생산되고 확장됩니다. 반면 기업의 다른 이해관계자들은 상대적으로 중요한 자리를 차지하지 못했습니다. 자본주의의 최첨단국인 미국의 경우 1960년대부터 현재까지 GDP 대비 기업의 이윤은 계속 올라간 반면, 임금 비율은 지속 하락하고 있습니다.[1] 이런 과정을 통해 빈부의 격차는 더 심해지고, 새로 성장하는 세대는 기득권의 천장을 뚫지 못하고 좌절합니다. 이 현실은 모든 입장을 떠나서 인정해야 하는 객관적인 사실입니다.

더 가난해지고, 더 불평등해지고, 더 팍팍해진 현실에서 홀대당하는 이해관계자들은 사회와 공동체의 의미와 가치를 더 찾게 되고, 정부와 기업들에게 사회적 가치를 중요하게 생각할 것을 요구합니다.

세상의 변화는 이전의 생각에 갇힌 사람들이 한순간에 사라져 단절되거나 새로운 생각을 가진 사람들이 대세를 이루어야 가능합니다. 새로운 생각이 시대를 앞선 것이라면 처음 제기되었을 때 기존의 프레임이나 마인드로는 수용할 수 없는 게 당연합니다. 그런데 많은 사람들이 그 생각에 동의하고, 그에 맞추어 나가야 한다고 느낀다면 패러다임의 변화가 일어나는 중이라 할 수 있습니다. 그것은 한 나라, 한 지역에서만 벌어지는 것이 아니라 세상의 곳곳에서 동시에 일어납니다. 정보통신망과 인터넷의 발전은 공감할 만한 일을 빨리 발견하고 변화의 흐름도 빨리 감지하도록 했습니다. 어린 소녀가 학교에 가지 않고 의회 건물 앞에서 기후변화를 위해 행동을 취하라는 시위를 하고 주목을 받으면, 이 소식이 멀리 있는 다른 나라에도 곧 알려지고 그 대의에 동참하는 것이 어렵지 않습니다. 그리고 그 행동을 지역적인 것에서 세계적인 것으로 만듭니다.

사회적 가치가 중요해지고 있습니다. 사회적 가치는 시민들이 사회적·경제적·환경적 복지와 혜택을 누리는 것이고, 인권, 양성평등, 사회적 약자에 대한 배려, 양질의 일자리, 공정과 정의, 평등, 공익에 기여하는 가치들입니다. 한국뿐 아니라 많은 나라에서 공정과 정의, 차별의 해소에 대해 분출하고 있는 요구와 행동이 모두 사회적 가치로 수렴됩니다. 사회적 가치는 어느 특정 섹터나 주체가 찾고 만들어 가는 것이 아니라 모든 영역과 주체들이 함께 고려하고 만들어 가야 하는 가치입니다. 특히 앞으로 새로운 세상을 주도해 나갈 젊은 세대들이 이전 세대들에게 요구해야 할 가치이자, 스스로 추구해야 할 가치입니다.

이런 사회적 가치는 기업이 사회적 문제를 해결하면서 만들어지는 제한적인 가치가 아니라 경영이나 조직운영 과정에서 선제적으로 반영해야 하는 적극적인 가치입니다.

이 책은 사회적 가치의 시대에 새로운 비즈니스를 준비하는 젊은 세대들에게 사회적 가치가 왜 중요하고 어떻게 만들어 가야 하는지 그리고 어떤 변화를 지향하면서 이전과 다른 세상을 만들어 가야 하는지를 제시하려고 만들었습니다. 비단 젊은 세대뿐 아니라 기성세대도 현재 일어나고 있는 변화가 왜, 어떤 연유로 생겼는지, 앞으로 어떤 방향과 방식으로 전개될지를 가늠하는 데 도움이 되었으면 합니다. 기존의 프레임에서 벗어나 사회적 가치를 담은 새로운 형태의 기업들이 부상하여 성공적으로 자리 잡고 있고, 기존 기업들도 사회적 가치를 적극적으로 반영하여 이전과는 다른 행태를 보이고 있습니다. 변화에 대한 요구를 접하고 실제 변화를 하면서도 그 구도를 정의하지 못했던 주체들이 사회적 가치를 통해 그 변화를 이해하고 정의할 수 있습니다.

2019년 8월 19일, 미국의 재계에서 전통적인 자본주의의 프레임을 바꾸는 선언이 있었습니다. 거대 다국적 기업을 포함하여 미국 내 181개 기업 CEO들의 단체인 비즈니스 라운드테이블에서 지난 수십 년간 철칙처럼 여겨온 '주주 이익의 최우선 원칙'을 수정했습니다. 대신 이들은 기업의 목적이 고객, 직원, 공급업체, 지역 커뮤니티 등을 포함한 이해관계자들에게 헌신하는 것에 있다고 선언했습니다. 이들의 선언이 진심인지, 실효성이 있는지를 떠나서 미국 경제의 거대 주주인 이들이 주주 이익을 극대화하기 위한 수익 중심의 자본주의에서 이해관계자를 배려하는 이해관계자 자본주의로 프레임을 바꾸자고 선언한 것 자체가 중요한 전환입니다. 자본주의의 첨단에서 가장 예리한 촉을 가진 이 기업들이 이렇게 선언할 수밖에 없었던 이유는 세상이 그 변화를 요구하기 때문입니다. 그리고 그들이 이를 가장 먼저 간파했습니다.

변화는 지금 진행 중입니다. 의식하든 의식하지 않든 우리는 그 변화의 한가운데서 함께 가고 있습니다. 그 변화에 맞춰 가려면 모든 주체가 사회적 가치를 이해하고 찾아야 합니다.

이 책은 2019년 2월부터 지금까지 필자가 속한 소셜 임팩트 컨설팅 그룹인 CGSI(Consultative Group for Social Impact)가 진행한 사회적 가치 아카데미의 주요 주제와 내용을 중심으로 썼습니다. 정부, 공공기관, 일반 기업, 스타트업, 사회적 경제 기업, 소셜 벤처, 비영리단체 등 모든 섹터에서 많은 분들이 사회적 가치 아카데미에 함께해 주셨고, 좋은 영감과 아이디어를 주셨습니다. 아카데미를 진행하면서 가장 인상 깊었던 것은 많은 참가자들이 이전에는 모르고 있었지만 세상에서 이미 일어났거나 지금도 일어나고 있는 수많은 변화를 알게 되면서, 그 이해와 공감을 적극적인 변화의 에너지로 만들고 싶어 한다는 것이었습니다. 그때의 이해와 공감, 반향과 생각을 여기에서 여러분과 함께 공유하고 계속 이어 나가고 싶습니다.

이 책은 이론적 기반을 다지는 학술서가 아닙니다. 임팩트 컨설턴트가 실제 세상에서 벌어지고 있는 변화와 임팩트를 분석하고 공통분모를 찾아 새로운 변화와 임팩트를 만들기 위한 적용의 개념으로 정리된 실용서입니다. 따라서 앞으로 더 많은 사례와 적용을 통해 보완될 것입니다. 기존 기업이 사회적 가치를 반영해서 장기적인 성장과 수익 확대에 기여하기를 원할 때, 새로운 세대가 자신들이 지향하는 사회적 가치를 반영한 소셜 벤처나 사회적 기업을 만들고 싶을 때 이 책이 사회적 가치의 현실과 함의를 이해하고, 방향을 잡아 주는 역할을 했으면 좋겠습니다.

이 책은 기업의 경영활동에 사회적 가치를 반영하면서도 시장에서 부가가치와 차별성을 높이고 성장할 수 있는 전략과 방법에 관해 이야기합니다. 따라서 경영학에서 활용하는 접근법과 기술을 다룹니다. 그 내용들은 가치중립적이며 사회적 가치는 없습니다. 그러나 사회적 가치를 반영하는 기업들이 시장에서 생존하고 지속적으로 성장하려면 이런 기술에 사회적 가치를 접목시키는 법을 다룰 수 있어야 합니다. 사회적 가치를 반영하는 기업만을 위한 별도의 시장은 없습니다. 이 기업들이 일반 기업들과 같은 시장에서 생존해 나가려면 그들이 다루고 이용하는 것들을 다룰 수 있어야 합니다. 시장은 인간이 거래를 통해 생활하기 시작하면서 존재해 왔고 앞으로도 계속 존재할 것입니다. 과도한 경쟁이나 시장방임주의는 문제이지만 시장에서의 거래는 인간 사회를 합리적이고 안정적으로 유지하기 위한 합의된 메커니즘입니다. 시장은 이념이나 희망으로 움직이지 않고 고객의 수요와 공급자의 매칭으로 움직입니다. 많은 사회적 가치 기업들이 시장에서 고객의 수요를 견인할 수 있는 차별성과 생존력을 키워야 한다는 것을 인정하면서도 현실에서 이를 실천하기가 쉽지 않습니다.

여기에 제시하는 모든 사례와 기술과 노하우는 소셜 벤처, 사회적 기업 등의 사회적 가치 기업(다음부터는 기존 소셜 섹터의 사회적 경제 기업과 소셜 벤처를 의미함) 그리고 일반 기업 중에서도 사회적 가치를 지향하는 기업들에게 실용적인 가이드가 될 것입니다.

이 책의 영문판도 곧 나옵니다. 처음에 영어판을 생각하고 쓴 책이라 인용된 내용이나 사례가 대부분 해외 자료입니다. 그러나 내용이 갖는 보편성 때문에 어느 나라에서든 적용할 수 있고, 사례 역시 지역을 떠나 공감할 수 있는 것들입니다. 오히려 한국에서 접하지 못했던 사례가 새로운 비즈니스의 아이디어나 인사이트를 줄 수 있습니다.

이 책에서 자세히 다루지 못한 내용, 특히 사회적 가치를 평가하고 계량화하여 비즈니스에 활용하는 방법이나, 사회적 가치 비즈니스 모델 개발, 사회적 가치 기반의 마케팅 등은 별도의 책으로 낼 예정입니다.

1장

사회적 가치의
시작

'요람에서 무덤까지'가
붕괴되다

　　　　　　　1945년 7월 5일, 제2차 세계대전이
끝난 시점에서 보수당의 수반이었던 영국 수상 처칠은 독일로부터
위대한 영국을 구했음에도 불구하고 선거에서 노동당에 패했습니
다. 전쟁 중에는 위대한 영국을 살리는 데 의지를 모았던 영국 국민
들은 전쟁이 끝나자 그동안의 고난과 어려움에서 벗어나고 싶은 열
망이 강해졌습니다. 영국 노동당은 국민들에게 충분한 고용과 보건
서비스를 제공하고 태어나서 죽을 때까지 국가가 복지를 책임지겠
다고 공약하면서 선거에서 승리했습니다. 이것이 20세기에 국가가
책임지는 복지정책의 전형이었던 '요람에서 무덤까지'라는 복지정책
입니다. 이 정책은 이후 60년 이상 영국 사회복지 시스템의 근간이
되었고, 영국 국민의 자부심이었습니다.

사회적 가치 비즈니스

그런데 태어나서 죽을 때까지 국가가 국민의 복지를 책임진다는 이 복지 시스템이 한순간에 무너졌습니다. 바로 2008년에 일어난 글로벌 금융위기 때문입니다. 당시 금융위기는 미국과 영국 등 선진국이 자유주의 시장 원리에 신자유주의적 시장 방임을 수용하면서 금융기관에 대한 규제를 완화했고, 고삐 풀린 금융기관들이 다양한 변형대출상품을 만들어 내면서 위기를 키웠습니다. 2008년 금융위기 때 영국의 은행들은 부실대출로 인해 붕괴 직전이었고, 은행들이 붕괴되면 예금가입자들의 자산이 막대한 피해를 입게 됩니다. 이를 막기 위해 정부는 긴급구제용 공적자금을 부실 은행에 대거 투입했습니다. 은행들을 구제하는 데 공적자금이 투입되면서 국가채무는 극에 달했고 경기침체가 본격화되었습니다. 제2차 세계대전 이후 가장 심각한 경기침체였습니다. 2008년 금융위기로 19년 동안 장기 집권해 온 노동당도 종말을 맞았습니다. 금융위기에 대한 국민들의 노여움과 실망으로 노동당은 선거에서 보수당에게 패배했습니다.

　당시 노동당 정부가 공적자금을 투입하여 은행을 살린 것은 어쩔 수 없는 선택이라고 쳐도 경기침체와 함께 정부의 재정적자 확대는 또 다른 문제였습니다. 2009년 보수당 당수였던 데이비드 캐머런 의원은 총선을 앞두고 노동당의 과도한 정부재정 지출을 비판하며 제2차 세계대전 직후에 쓰이고 한 번도 쓰인 적이 없는 '긴축의 시대'라는 용어를 써 가며 정부의 과도한 재정지출을 줄이겠다고 공약했습니다. 노동당 정부에 대한 실망과 이런 공약에 힘입어 보수당은

2010년 선거에서 정권을 잡았습니다. 하지만 이들이 직면한 것은 당연히 과도한 재정적자와 쪼그라든 예산이었습니다.

2010년 총선에서 승리한 이후 수상에 취임한 데이비드 캐머런 수상은 벌링던 클럽[2] 친구이자 그가 재무장관으로 임명한 조지 오즈번과 함께 줄어든 예산을 갖고 5년을 어떻게 버틸지 고민하기 시작했습니다. 이들은 다음 총선인 5년 후까지 긴축재정을 시행해야 했습니다. 캐머런 정부는 긴축 프로그램이라는 이름으로 모든 정부 지출을 삭감했습니다. 공공 부문에서 대대적인 예산 삭감이 이루어졌고 공무원 수를 줄이고 경찰인력까지 줄였습니다.[3]

공공 부문보다 더 큰 문제는 지방자치단체에 지원하던 보조금이었습니다. 영국의 지방자치단체들은 재정의 상당 부분을 정부가 지원하는 보조금에 의존하고 있었습니다. 이 보조금이 영국의 자부심이었던 '요람에서 무덤까지'의 복지 시스템을 지탱하고 있었습니다. 보수당 정부는 2010년부터 지방정부로 보내던 교부금을 거의 60퍼센트까지 삭감했습니다. 이로 인해 지방의 공공 서비스 예산이 약 5분의 1로 줄어들었고, 많은 지방자치단체들이 부족한 세수를 메우기 위해 지방세를 인상했습니다. 중앙정부의 보조금이 절반 이상 줄어들면서 지방자치단체들은 노인복지 시스템의 근간인 요양보호시설 운영비와 요양보호사들의 급여를 지원하기가 어려워졌습니다. 고령자들을 뒷바라지하던 요양보호사들이 줄어들었고 요양보호를 위한 가정 방문이 축소되면서 많은 문제가 발생했습니다. 이전까지 안정된 수준의 요양보호를 받아 오던 노인들이 서비스의 혜택과 시간이 줄어들면서 어려움을 겪기 시작했고, 서비스를 제때 받지 못해 사망하는 경우도 생겼습니다.[4] 설상가상으로 벌링던 클럽 출신 캐머런 수상의 보수당 정부는 2013년부터 빈곤층에 제공하던 지방세 보조금을 중단했고, 이로 인해 그동안 면제받던 지방세를 내야 하는 빈곤층은 더 큰 어려움에 빠졌습니다.[5]

이후 영국인들의 머릿속에 긴축 프로그램(austerity programme)이라는 말은 매우 고통스럽고 끔찍한 말로 각인되었습니다. 지방의 복지 서비스가 붕괴되면서 여론은 점점 악화되기 시작했고 보수당 정부에 대한 비판이 커져 갔습니다. 다급해진 캐머런 수상은 2010년 총선 승리의 주역인 스티브 힐튼 전략본부장을 불러 대책을 논의합니다. 이들은 국면을 전환할 새로운 이니시어티브를 만듭니다. 그것이 바로 '빅 소사이어티 이니시어티브(Big Society Initiative)'입니다. 빅 소사이어티 이니시어티브의 주요 내용은 다섯 가지입니다. 첫째 지역 커뮤니티에 힘 실어 주기, 둘째 주민들이 지역 커뮤니티에서 적극적으로 역할을 찾도록 권장하기, 셋째 중앙정부에서 지방정부로의 권력 이양, 넷째 협동조합·공제조합·비영리단체 및 사회적 기업의 지원, 다섯째 정부 데이터 공개입니다.

영국 보수당 내에서는 정부의 역할을 줄이고 지역의 자발적인 조직화를 권장하며, 이들이 시민사회 내에서 적극적으로 활동하도록 하자는 아이디어가 부상하고 있었습니다. 이런 아이디어는 금융위기를 대응하는 과정에서 정부의 부담을 줄이기 위해 이용됩니다. 당시 보수당의 주장은 국가가 어려울 때 지역 커뮤니티와 시민사회가 나서서 국민들을 위해 적극적인 역할을 해 달라는 것이었고, 이를 위해 정부가 시민사회의 근간이 되는 비영리단체와 시민사회를 적극적으로 지원하겠다는 것이었습니다.

논리적으로는 문제가 없어 보이지만, 정작 그 요구를 받은 지역 커뮤니티와 시민사회 조직들은 그리 유쾌하지 않았습니다. 금융위기가 휩쓸고 간 어려운 상황에서 정부가 국민들을 돌봐 주고 지원해야 할 책임을 자신들에게 떠넘기는 것 같았기 때문입니다. 야당이 된 노동당 역시 금융위기에 대한 자신들의 책임은 차치하고 보수당이 시민사회에 정부의 책무와 일을 떠넘긴다고 비판했습니다.

보수당 정권은 이에 연연하지 않고 빅 소사이어티 이니시어티브를 밀고 나갔습니다. 시민사회단체와 연합하여 빅 소사이어티 캐피털(이는 현재 한국의 사회연대기금의 모델이 되었습니다)이라는 펀드를 만들고 시민사회를 지원하기로 했습니다.

영국의 소셜 섹터는 정부와 별개로 시민사회의 근간으로 성장해 왔고, 상대적으로 역사가 길고 기반도 단단합니다. 특히 사회적 기업은 영국 내에서 매우 강력한 주체로 활동하고 있습니다. 영국의 사회적 기업은 평가 주체에 따라 숫자가 달라집니다. 영국 정부는 2017년 기준으로 사회적 기업이 47만 개 이상 있다고 발표했습니다. 그중 종업원을 고용한 곳은 9만 9000개이고, 37만 1000개는 종업원이 없는 곳입니다. 영국 사회적 기업의 연합체인 소셜엔터프라이즈 유케이(UK)는 2018년 기준으로 사회적 기업이 약 10만 개에 달하며 200만 명의 고용을 창출하고 있다고 주장합니다.[6] 이 단체

사회적 가치 비즈니스

는 또 영국의 사회적 기업들이 국내총생산(GDP) 가운데 600억 파운드 수준으로 기여하고 있으며, 이는 GDP의 5퍼센트에 해당한다고 발표했습니다.[7]

소셜엔터프라이즈 유케이는 소셜 섹터의 역할을 강조하는 보수당 정부에게 자신들에게 역할을 맡기려고만 하지 말고 소셜 섹터를 제도적으로 지원하라고 요구했습니다. 보수당 정부는 빅 소사이어티 이니시어티브가 가능하려면 이들을 움직여야 한다는 것을 알았고, 이들에게 줄 수 있는 당근을 찾기 시작합니다.

〈공공서비스(사회적가치)법〉을 제정하다

크리스 화이트 보수당 의원은 워윅 및 레밍턴 지역구 출신 의원이었는데, 그는 정부의 공공조달 과정에서 사회적 기업들을 지원할 수 있는 방법이 있다고 들었습니다. 그것은 공공조달 심사에서 사회적 가치를 목적으로 하거나 이를 반영하는 기업들을 우선 선정하는 것이었습니다. 특히 예산이 대폭 삭감된 지방자치단체의 지역민들을 고용하거나 지역 공급업체의 제품이나 서비스를 구매하여 지역경제를 활성화하는 데 도움이 되는 기업에 우선권을 주는 것이었습니다. 그래서 소셜엔터프라이즈 유케이와 협력하여 이를 법안으로 만드는 작업에 착수했습니다. 이렇게 해서 만들어진 법이 바로 영국에서 사회적 가치라는 용어를 대중적으로 확산시킨 〈공공서비스(사회적가치)법〉입니다. 이 법의 취지는 정부와 공공기관, 지자체 등이 공공조달을 시행할 때 사회적 기업을 우선적으로 고려하는 것입니다. 정부나 지자체의 예산이 상당 수준 감축되기는 했지만 조직운영에 필요한 물품이나 서비스가 있고 이를 위한 예산은 배정됩니다. 즉, 소셜 섹터를 위해 별도의 지원예산을 배정하지는 못하지만 이미 책정된 조달예산을 소셜 섹터를 위해 배려하는 것은 가능합니다. 당시 영국 정부의 공공조달액은 연간 1410억 파운드(약 211조 5000억 원)였습니다.[8] 이 법은 2012년에 의회에서 통과되었고, 2013년 1월부터 지금까지 시행되고 있습니다.

그런데 재미있는 점은 〈공공서비스(사회적가치)법〉에 사회적 가치에 대한 개념이 들어 있지 않다는 것입니다. 그러면서 왜 법명에 사회적 가치라는 말을 넣었을까요? 앞서 지적했듯이 이 법의 취지는 공공조달 과정에서 사회적 기업을 배려해 주자는 것입니다. 그런데 법안 내용을 보면 사회적 기업이나 사회적 가치라는 말이 없습니다. 관련된 조항이 있다면 "공공기관들이 조달을 할 때 해당 영역에서 경제적, 사회적, 환경적 후생(원문에서는 well-being)을 증진해야 한다."는 내용뿐입니다.

법안명의 최초 안을 보면 법안명의 배경을 이해할 수 있습니다. 이 법안의 최초 명칭은 '공공서비스(사회적기업과 사회적가치)법'이었습니다. 사회적 기업이 법명에 명시되어 있었습니다. 사회적 가치가 법명 안에 들어간 것은 사회적 기업이 만들어 내는 가치가 사회적 가치였기 때문입니다. 당시(2012년 무렵)만 해도 영국에서 사회적 가치라는 개념은 일반적으로 공공 부문이나 민간 기업이 아닌 비영리 섹터나 소셜 섹터의 주체들이 만들어 내는 가치로 인식되고 있었습니다. 이 가치는 공공가치(public value) 또는 시민적 가치(civic value)로도 불렸습니다.[9]

법안의 취지가 사회적 기업을 배려해 주자는 것이지만 법안명에 특정 기업의 형태를 반영하는 것에 대한 논란을 우려해 사회적 기업이란 말은 빼고 사회적 가치만 남겨 두었습니다. 법안 내용에 사회적 가치에 대한 의미를 명확하게 규정하지 않은 것은 애초 구상했던 법명에 사회적 기업이란 단어가 들어가 있었고, 이들이 만드는 가치가 사회적 가치라는 사회적 인식이 있었기 때문에 처음에 법안에 반영할 필요를 못 느꼈기 때문일 것입니다.

따라서 이후 이해관계자들이 사회적 가치에 대해 해석할 때 법안 내용에 나와 있는 경제적, 사회적, 환경적 후생을 개선하는 것으로 자연스럽게 유추하게 됩니다. 이 법을 만든 크리스 화이트 의원도 "가치라는 것은 재무적 가치라는 좁은 의미가 아니라 커뮤니티와 우리 자신의 삶에서 사회적, 환경적, 경제적 웰빙이 중요하다는 것을 인식하는 것이다."라고 말했습니다. 2년 뒤인 2015년에 발표된 내각사무처의 '사회적 가치법 평가'에서도 사회적 가치에 대한 구체적인 개념 설명 없이 "공공조달 시 사회적 가치를 고려해야 하며, 경제적, 사회적, 환경적 혜택을 고려해야 한다."라고 얼렁뚱땅 넘어가 버립니다.[10]

의도하지는 않았지만 이 법안에서 사회적 가치를 사회적 기업이 만들어 내는 가치라고 특정하지 않고 그 의미를 명확하게 규정하지 않음으로써 역설적이게도 사회적 가치가 널리 반영될 수 있는 길을 열었습니다. 사회적 가치를 만드는 주체를 보다 포괄적으로 인식되도록 하여 그 효과와 혜택이 확대된 것입니다. 이 법은 공공조달 입찰 시 사회적 가치를 평가기준에 포함하고 입찰 참가 기업들이 사회적 가치를 구현하는 수준도 평가에 반영하도록 권고하였습니다. 이후 공공기관이나 지자체들은 시범적으로라도 사회적 가치를 평가기준에 반영하고 입찰에 참가하는 기업들에게 사회적 가치에 대한 기여도를 제시하도록 요청했습니다. 이를 통해 공공조달에 참여하려는 기업들이 자발적으로 사회적 가치를 경영활동에 반영하려는 노력을 보였고 다수의 사례가 나왔습니다.

최근 영국 정부는 공공조달에서의 사회적 가치 비중을 10퍼센트 정도로 권고하고 있습니다. 이는 유럽에서 사회적 경제 기업들이 전체 기업의 10퍼센트 정도를 차지하고 있는 것과 같은 맥락입니다. 즉, 영국에서 사회적 가치의 비중을 10퍼센트로 권고한 것은 사회적 기업을 그만큼 배려하라는 의미입니다. 물론 개별 기관이나 지자체에 따라 달라질 수 있습니다. 예를 들어 맨체스터는 그 비중을 30퍼센트까지 둡니다.[11]

법이 시행되면서 재미있는 현상이 생겼습니다. 원래는 공공기관들이 공공조달 입찰과정에서 사회적 가치를 창출하는 사회적 기업들을 배려해 주라는 취지였는데, 방점을 사회적 가치에 두면서 기업의 형태와 관계없이 사회적 가치를 반영하는 기업들이 선정되었습니다. 특히 자본과 규모의 제약으로 사회적 기업들이 진입하지 못하거나 진입하기 어려운 건설 부문에서는 기존 건설회사 중에서 사회적 가치를 구체적으로 반영한 제안서를 제출한 회사들이 높은 점수를 받았습니다. 이 법이 애초에 이런 현상을 의도했든 의도하지 않았든 상관없이 어쨌든 공공기관과 지방자치단체에서, 사회적 기업이 상대적으로 적거나 없는 분야에서도 사회적 가치를 반영하면서 입찰에 응하는 기업들이 사회적 가치를 공부하는 열풍이 일었습니다.

이 열풍의 주역들이 바로 건설회사입니다. 영국에서 사회적 가치라는 단어를 검색하면 가장 많이 나오는 것 중 하나가 건설회사나 건설사협회의 홈페이지에 반영된 사회적 가치라는 키워드입니다. 공공 부문의 주택이나 시설공사에 응찰하려는 건설회사들이 사회적 가치를 어떻게 반영할지를 포함하여 제안서를 제출할 뿐만 아니라, 자사 홈페이지에서도 자신들이 사회적 가치를 추구함을 알리려고 노력합니다. 이들이 사회적 가치를 반영하는 대표적인 방식은 해당 지역의 인력을 고용하고 공급업체를 선정함으로써 지역경제를 활성화한다는 것입니다.

지방자치단체와 공공기관들은 공공조달 과정에 사회적 가치를 반영하도록 권장하고, 공공조달 입찰에 응하는 사업체들은 사업수행 시 사회적 가치를 어떻게 반영할 것인지를 제안서에 포함하여 제출하고 있습니다. 특히 규모가 크고 액수가 많은 공공주택 건설이나 택지개발, 도시재생과 같은 중대형 프로젝트에서는 이런 유인이 큽니다.

사정이 이렇게 되자 공공기관과 지방자치단체의 조달 프로세스와 사업자들의 제안서에 어떻게 사회적 가치를 반영할지 도와주는 컨설팅 업체들이 생겨났습니다. 소셜 밸류 유케이(Social Value UK), 소셜 밸류 포털(Social Value Portal), 소셜 밸류 허브(Social Value Hub), 소셜 밸류 인터내셔널(Social Value International) 등 소셜 밸류를 머리글자로 한 컨설팅회사들입니다. 이들은 〈공공서비스(사회적 가치)법〉에 나와 있지 않은 사회적 가치의 개념을 자신들의 기준과 필요에 맞게 재량껏 만들어 제시하고 있습니다.

소셜 밸류 유케이는 사회적 가치를 "사람들이 경험하는 변화에 대해 상대적 중요성을 계량화한 것(Social value is the quantification of the relative importance that people place on the changes they experience in their lives)"이라고 하여 계량화에 초점을 두었고, 소셜 밸류 포털은 UN SDG(지속가능개발목표)와 같이 "조직이 활동을 통해서 만들어 내는 경제적, 사회적, 환경적 효과를 총괄하는 포괄적 개념"으로 정의했습니다.

이 법이 제정된 후 지금까지 영국에서는 정부나 공공기관들을 주 고객으로 둔 기업들이 사회적 가치를 반영하려고 노력하면서 그 용어와 의미가 다른 섹터에까지 확산되고 있습니다. 이후 영국에서는 기업들이 사회공헌이나 기부보다는 사회적 가치라는 말을 더 범용적으로 사용하게 되었고, 사회적 가치를 다양한 방식으로 보여 주는 사례가 많아졌습니다. 경기가 어려웠던 만큼 기업들이 정부의 공공조달 시장에 들어가기 위해 사회적 가치를 적극적으로 반영하고 이를 대외적으로 홍보함으로써 사회적 가치가 범용화된 측면도 있습니다. 지금도 한국을 제외하고 전 세계적으로 사회적 가치라는 개념을 다양한 분야에서 가장 많이 쓰고 있는 나라가 영국입니다.

하지만 아직 갈 길은 멉니다. 2015년 조사에 따르면 지방자치단체 480개 가운데 이 법을 시행하고 있는 곳은 15퍼센트에 불과합니다. 우선 이 법에 대한 인지도가 낮고, 법을 인지한다고 해도 조달과정에서 사회적 가치를 측정하고 평가하는 데 합의된 방식이 없어 이해관계자들이 직접 만들어야 합니다. 2019년 1월 영국 내각사무처장은 정부가 공공조달에 더 다양한 기업들이 참여하도록 유도하고, 조달뿐 아니라 사회적 가치의 실현을 다른 영역으로까지 확대하겠다고 발표했습니다. 그는 "2019년부터 정부부처는 특히 소기업과 소수 인종 그룹이 운영하는 기업의 정부 조달 참여를 지원하고, 장애인들을 더 많이 고용하고 환경적 임팩트를 줄이는 등 사회적 가치 실현을 위해 노력해야 합니다. 정부는 이를 위한 가이드라인을 현재 작성 중입니다."라고 발표했습니다. 그런데 테레사 메이 수상 시절에 발표된 이 내용은 2019년 9월 보리스 존슨 수상으로 바뀌면서 영국의 유럽연합 탈퇴 문제인 브렉시트(Brexit) 때문에 수면 아래로 잠겼습니다. 2019년 12월 총선에서 보수당이 승리하면서 이 문제는 다시 보수당이 다루어야 하는 주제가 되었습니다. 사회적 가치는 영국에서 정당의 특성과 관계없이 공유할

수 있는 어젠다이고, 실제 최근 7년간의 〈공공서비스(사회적가치)
법〉통과와 실행, 사회적 가치 어젠다의 확산은 보수당 정부 아래에
서 이루어졌습니다.

사회적 가치의
의미란

사회적 가치(social value)라는 용어
는 특정한 용도나 섹터에서 쓰이는 것이 아니라 범용적인 의미로도
쓰여 왔습니다. 일반적으로 사회적으로 옳고 의미 있고 바람직한
것을 뜻하고, 사회적 행위에 대한 규범(norm)이나 원칙으로 작동합
니다. 이런 개념은 특정한 나라와 관계없이 많은 나라에서 보편적
으로 쓰입니다.

영국에서는 의도 여부와 관계없이 기묘한 배경 때문에 사회적 가
치에 대한 논의가 가장 먼저 시작되었고, 가장 널리 확산되고 있습
니다. 이전에는 '소셜·비영리 섹터가 만들어 내는 공익적 가치'라는
개념이었다면, 〈공공서비스(사회적가치)법〉을 시행하면서부터는
기업들이 이해관계자들의 사회적, 경제적, 환경적 복지와 행복을
위해 조직운영과 경영활동에 선제적으로 반영하는 가치로 이해되고
있습니다. 그리고 이 배려의 가치를 적극적으로 반영하는 추세가
늘어나고 있습니다. 건설회사들은 건설현장이 있는 지역의 인력을
고용하고, 해당 지역의 공급업체를 활용합니다. 채광기업은 사업계

획을 수립할 때 사업대상 지역의 주민들에게 이익과 혜택을 줄 수 있는 방법을 사전에 고려합니다.[12] 이런 움직임은 과거와 비교해서 획기적인 차이를 보여 줍니다. 지금까지 정부의 규제나 정책적 개입이 큰 산업들은 정부의 규제나 이해관계자들을 잠재적인 위험(risk)요소로 간주하고 어떻게 하면 이런 위험을 줄일까를 고민했습니다. 전통적인 PESTEL 또는 PESTLE 분석이 이런 용도로 쓰였습니다. 건설회사나 자원채광기업들은 사업지 주민들의 반대를 위험요소로 판단하고 이를 줄이거나 완화해야 기업활동을 원활하게 할 수 있다는 프레임에 갇혀 있었습니다. 그런데 이제 사업대상 주민들에게 어떤 이익을 줄 수 있을지 사업계획 수립 단계에서 먼저 고려하고 이를 사전에 반영하겠다는 프레임으로 바뀌고 있습니다. 물론 이런 변화는 공공입찰에 들어오는 기업들에게 사회적 가치를 사전에 반영하도록 요구하면서 생긴 영향이 크지만, 기업 스스로 어떤 방식으로든 사회적 가치를 반영하고 있다는 것을 보여 줌으로써 얻는 긍정적인 효과를 누립니다.

한국에서는 학문적으로 사회적 가치를 어느 분야에서 다루어야 할지 불분명하고, 또 특정 학문 분야에서 그 개념을 연구하고 발전시킨 사례도 드뭅니다. 사회적(social)이라는 용어의 특성 때문인지 한국의 일부 사회학자들이 최근에 특정 재단의 지원을 받아 사회적 가치의 사용례를 열거한 사례는 있습니다.

사회적 가치를 규범적인 의미로 이해하면 사적인 이익, 특히 경제적 이익과 착취에 대비되는 공동체와 공익의 성격이 더 강합니다. 최근 사회적 가치의 개념이 부상하는 배경에는 전 세계적으로 신자유주의적 자본주의의 부작용으로 인해 발생하는 중산층의 몰락, 빈부격차의 확대 등에 대한 사회적 의식과 변화에 대한 욕구가 커졌기 때문입니다. 사회적 가치는 사회주의 이념과는 다릅니다. 사회주의는 계급 간의 차이 없이 모든 사람이 평등한 사회를 지향하지만, 사회적 가치는 근본주의적인 평등주의, 계급타파나 획일적인 대우와는 무관합니다. 사회적 가치는 계급보다는 사회구성원 간의 공동의 이익, 공동체적 발전을 지향합니다. 물론 차별받고 소외되는 계층을 더 위하고 이들을 지원하는 것이 사회적 가치의 큰 부분을 차지합니다.

다른 나라에서는 최근 10~20년 동안 기업, 기관, 단체가 만들어 내는 사회적 가치를 계량적으로 측정하려는 시도가 학계나 비영리 단체를 중심으로 여러 차례 있었습니다. 이는 조직의 형태와 관계없이 사회적 가치가 미치는 긍정적 영향을 평가하고 이를 확산하기 위해서입니다. 더 나아가 특정 경영학자는 기업이 경영활동을 하면서 수익으로 나타나는 경제적 가치(economic value) 외에도 사회적 가치를 창출하기 위해 노력해야 한다고 이야기합니다.

한국에서도 최근 사회적 가치의 개념이 부상하고 있는데 이는 사회적 가치를 염두에 두고 활동해야 하는 주체가 늘어났기 때문입니다. 대표적인 주체가 공공기관과 공기업입니다. 사회적 가치라는 단어를 한국에서 인터넷으로 검색하면 다양한 공공기관의 이름이 나옵니다. 이는 이번 정부에서 공공기관의 경영평가 기준이 과거

경영효율화 중심에서 사회적 가치를 반영하고 구현하는 것으로 대폭 수정되었기 때문입니다. 공공기관들은 사회적 가치를 조직운영 과정에 내재화하고 또 사회적 가치를 창출하는 사업을 추진해야 합니다. 공공기관들이 준거 개념으로 삼는 사회적 가치의 개념은 국회에 제출된 〈사회적가치기본법〉 법안에 나와 있습니다.

이 법안을 보면 현재 한국에서 담론의 주제가 되는 사회적 가치의 개념이 나옵니다. 여기에서 사회적 가치란 "사회, 경제, 환경, 문화적 영역에서 공공의 이익과 공동체 발전에 기여하는 가치"입니다. 그리고 매우 포괄적이고 다양한 사회적 가치의 내용이 열거되어 있습니다. 법안을 보면 인권의 보호, 안전한 근로생활 환경의 유지, 보건복지의 제공, 노동권의 보장과 근로조건의 향상, 사회적 약자에 대한 기회제공과 사회통합, 대중소기업의 상생과 협력, 양질의 일자리 창출, 지역사회 활성화와 공동체 복원, 지역경제 공헌, 윤리적 생산을 포함한 기업의 자발적인 사회적 책임 이행, 환경의 지속가능성 보전, 민주적 의사결정과 참여의 실현, 그밖에 공동체의 이익실현과 공공성 강화 등으로 정의했습니다. 차별받지 않을 권리, 인간다운 생활을 할 권리 등 헌법의 기본권에 해당하는 권리 중 일부와 일치합니다.

이런 포괄적인 개념은 일반적으로 사회적 규범으로서의 가이드라인으로 인식됩니다. 즉, 사회적으로 바람직한 방향으로 행동을 유도하는 준칙으로서의 역할입니다. 실상 사회적 가치는 정치적 이념이나 지향성과는 무관하게 사람, 공동체, 사회의 이상적인 모습과 바람직한 가치를 실천(반영)하고 구현하는 것입니다.

한편 민간 부문인 기업들이 인식하는 사회적 가치의 개념은 이와 다릅니다. 많은 기업들이 사회적 가치라는 말을 들으면 특정 경영학자가 정의한 개념으로 이해합니다. 앞에서 기업이 사회적 가치를 창출하기 위해 노력해야 한다고 말한 경영학자의 의견을 따르는 것입니다. 하버드 비즈니스 스쿨의 마이클 포터 교수는 2011년에 공유가치창출(CSV, Creating Shared Value)이라는 개념을 만들고 기업이 장기적이고 지속적으로 성장하려면 경제적 가치와 함께 사회적 가치도 추구해야 한다고 주장했습니다. 마이클 포터 교수는 또한 기업이 사회적인 문제와 필요(needs)를 해결하면서 경제적인 가치(수익)도 창출하고 사회적인 가치도 동시에 만들어 낼 수 있다고 주장했습니다.

재미있는 것은 마이클 포터 교수의 전공이 경쟁전략이라는 점입니다. 따라서 그가 제시하는 사회적 가치는 공공선이나 공공의 이익으로써 당위적으로 '선행'되어야 하는 가치가 아니라, 기업이 경쟁력을 갖추기 위한 전략에서 도출되는 '결과'로써의 가치입니다. 따라서 사회적 가치라는 용어를 기업경영과 관련하여 들어본 적이 있는 기업들은 이를 포터 교수가 이야기한 공유가치창출에서의 사회적 가치라는 개념으로 이해하고 있습니다. 이 개념에 대해서는 뒤에서 자세히 다룹니다.

이런 이유로 공공기관과 기업에 종사하는 사람들이 만나서 사회적 가치를 이야기하면 각자의 배경에서 이해하는 서로 다른 개념을 이야기하기 때문에 공통분모를 찾기가 어렵습니다. 공공기관이나 기업을 포함하여 사회의 모든 주체가 궁극적으로 지향해야 할 사회적 가치는 경영학자가 이야기한 사회문제 해결을 통해 '만들어지는' 제한된 가치만으로는 부족합니다. 오히려 공공 부문에서 이야기하는 것처럼 포괄적이고 다양한 가치를 적극적으로 반영하고 확산시켜야 합니다.

인권의 보호, 안전한 근로환경의 유지, 보건복지의 제공, 노동권의 보장과 근로조건의 향상, 사회적 약자에 대한 기회제공과 사회통합 등의 가치는 특정한 사회문제를 해결하면 창출되는 가치가 아니라 조직운영의 다양한 단계에서 '선제적으로 반영'해야 하는 가치입니다. 이렇게 이야기하면 기업들은 자신들은 자선단체가 아니고, 기업운영의 궁극적인 목적이 경제적인 수익을 추구하는 것이라고 반론합니다. 기업의 수익 추구 자체를 부정하자는 것이 아니라, 최근 우리가 겪고 있는 빈부격차나 경제적 불평등은 기업이 경제적인 수익만 추구하고 다른 이해관계자들과의 공존을 외면하면서 생긴 문제라는 것을 주지하고 공존을 위해 노력하자는 것입니다. 그것을 주지하고 있다고 신호를 보내고 싶어 하는 사람들이 앞서 나온 비즈니스 라운드테이블의 CEO들입니다. 실제로 기업운영에 사회적 가치를 잘 반영하면서 공공의 이익을 위해 노력하는 기업들이 늘어나고 있고, 이들이 그 혜택을 보면서 그렇지 않은 기업에 비해 더 성장하고 지속할 가능성이 높아졌습니다.

기업이 제품이나 서비스를 효율적으로 만들어 매혹적인 마케팅으로 더 많은 고객에게 팔기만 하던 시대는 지났습니다. 주주 외에 다른 이해관계자, 즉 고객, 직원, 공급·유통 파트너, 커뮤니티, 규제기관 등은 저성장과 빈부격차의 문제를 보면서 공존과 공공의 이익, 사회적 가치를 더 중요하다고 주장하고 있습니다. 이런 변화의 흐름에 맞춰 기업들이 사회적 가치의 개념을 보다 포괄적으로 수용하고 이를 반영하도록 노력해야 더 많은 기회를 잡고 지속가능한 성장이 가능합니다.

사회적 가치의 개념 비교	
구 분	개 념
일반적 개념 (공통)	− 사회적으로 옳고 의미 있고 바람직한 것 * 사회적 행위에 대한 규범으로 작동
영국	− (전통적 개념) 소셜·비영리 섹터가 만들어 내는 가치, 공공가치 또는 시민적 가치 − 《공공서비스(사회적가치)법》 사회적, 환경적, 경제적 웰빙(well−being) − (기업) 이해관계자들을 배려하기 위해 경영활동 과정에 선제적으로 반영하는 가치들
미국	**일반적 개념과 함께,** (기업 부문)에서는 '사회문제 해결을 통해 창출되는 가치(CSV)'의 좁은 개념으로 이해
한국	**일반적 개념과 함께,** (기업 부문)에서는 '사회문제 해결을 통해 창출되는 가치(CSV)'의 개념으로 이해하고 있고, (공공 부문)에서는 현재 '공공의 이익과 공동체 발전에 기여하는 가치'로 쓰이고 있음

사회적 가치 비즈니스

2장

변화하는
환경

2019년 9월의 마지막 두 주는 기대와 놀라움이 함께한 시기였습니다. 이 무렵에 유독 두 사람에 관한 기사가 인상적이었습니다. 한 사람은 기후변화 활동가인 스웨덴의 열여섯 살 그레타 툰베리입니다. 9월 셋째 주에 그녀는 유엔 기후변화회의에 참석하여 기성세대가 소홀히 하고 있는 현재의 환경 위기를 질타하며 주목을 끌었습니다. 두 번째 인물은 미국 민주당 상원의원인 엘리자베스 워런입니다. 그녀는 2019년 3월, 2020년 미국 대통령 선거의 민주당 후보 경선에 참가하여 여론조사에서 4위를 기록했습니다. 그러다 9월의 마지막 주에 그때까지 1위 후보였던 조 바이든 전 부통령을 제치고 1위로 올라섰습니다.

필자가 속한 임팩트 컨설팅 그룹인 CGSI는 2019년 2월부터 국내에서 사회적 가치 아카데미를 진행해 오고 있습니다. 이 두 사람의 최근 소식은 지난 3월과 4월에 진행했던 사회적 가치 아카데미를 뒤돌아보게 했습니다. 이들은 당시 진행했던 슬라이드에 매회 함께 들어가 있었습니다. 한국에서는 두 사람의 존재가 많이 알려지지 않았고, 아카데미 참가자들도 대부분 이들에 대해 몰랐습니다. 이들이 사회적 가치 아카데미의 슬라이드에 늘 들어가 있었던 것은 이들이 현재의 변화 과정이자 앞으로의 미래를 규정짓고 만들어 갈 두 가지 핵심적인 동인을 상징하고 있었기 때문입니다.

✦

이해관계자 자본주의가 부상하다

"자본주의의 책임이다"

2018년 8월, 미국 상원에 낯선 표현의 법안이 올라왔습니다. 〈책임있는자본주의법(Accountable Capitalism Act)〉이라는 법안입니다. 이 법안의 주요 내용은 연수익 10억 달러(약 1조 1000억 원) 이상의 기업들은 별도로 연방법인 인가(US Corporation)를 받아야 하고, 정관의 목적 조항에 기업의 장기적인 이익뿐 아니라 노동자, 소비자, 지역공동체 등 모든 이해관계자들과 관련하여 '전반적인 공공의 이익'을 추구한다는 내용을 명시해야 합니다. 또한 이사회 구성원의 40퍼센트를 노동자가 선출해야 하고, 경영진이 가진 주식은 5년 이내에 팔 수 없다고 규정하고 있습니다. 게다가 정치 관련 비용지출은 주주와 이사들의 75퍼센트 이상의 동의를 얻어야 한다[13]고 되어 있습니다.

이 법안의 골자는 기업이 사회적 책임을 더 많이 지고, 이를 경영과정에 반영해야 한다는 것입니다. 즉 기업들이 주주의 이익을 우선시하는 것이 아니라 기업운영과 관련된 모든 이해관계자들을 배려하고 이들과 공존하도록 요구하는 것입니다. 기존의 미국식 주주 자본주의의 틀을 뛰어넘는 규정입니다. 실제로 법안 설명에서 노동자가 이사회 구성원의 40퍼센트를 선출하도록 한 규정은 독일과 다른 선진국에서 성공한 사례들을 원용했다고 제시했습니다.

이 법을 발의한 사람이 바로 엘리자베스 워런 상원의원입니다. 이 법안의 발의는 그녀의 생각과 소신을 잘 보여 줍니다. 엘리자베스 의원은 하버드 대학 법학과 교수 출신으로 진보적인 성향이며 줄곧 미국식 주주 자본주의의 문제와 커져 가는 빈부격차에 관심을 갖고 대안을 찾아야 한다고 주장해 왔습니다.

이 법안이 상정되었을 때 기존 미국식 주주 자본주의를 지키고 옹호해 온 재계에서는 당연히 거부감을 보였습니다. 기업의 입장에서 법안의 내용을 보면 기업운영을 상당히 제약하는 것이고 정부가 과도하게 간섭한다고 보이기 때문입니다. 지금까지 누려 왔던 방임적인 기업의 자율성과 맞지 않았습니다. 일부 기업가들은 미국을 사회주의 국가로 만들려고 한다며 반발했고 그녀를 사회주의자로 낙인찍었습니다. 물론 미국처럼 주주 자본주의의 뿌리가 깊고 기업의 영향력이 큰 나라에서 이런 법이 의회를 통과하리라고 보는 사람은 드뭅니다. 하지만 이 법이 갖는 상징성은 여느 때와 다릅니다. 이익과 효율의 극대화를 통해 주주의 이익을 최우선시하는 시스템에서 이런 법을 주창하는 것은 곧 현재의 시스템이 중산층 붕괴뿐 아니라 빈부격차와 차별의 심화 등 심각한 사회적 문제를 초래해 왔다는 것을 반증하는 것이기 때문입니다. 그리고 그 변화의 요구와 흐름은 서서히 시작되고 있습니다.

이 법의 통과 여부보다 더 중요한 것은 이 법안 상정이 전달하려는 메시지입니다. 즉, 현재 미국 사회가 직면한 불균형과 격차의 문제는 기존의 자본주의 시스템과 운영방식이 불러온 문제와 폐해를 고치지 않으면 해결할 수 없다는 것입니다. 물론 이 법안 상정 이전에도 주주 자본주의의 특성과 이로 인한 문제에 대한 비판과 대응이 지속적으로 있어 왔지만 이제 어떤 방식으로든 대안을 제시하면서 해결하려고 노력해야 한다는 움직임이 커지고 있습니다. 그리고 그 움직임의 효과가 조금씩 나타나고 있습니다.

2019년 8월, 워런 의원이 〈책임있는자본주의법〉을 발의한 지 꼭 1년 만에 미국의 대표적인 기업 로비 단체인 비즈니스 라운드테이블에서 미국 내 181개 기업의 CEO들이 모여 성명을 발표했습니다.[14] 그 내용은 기업들이 "주주의 이익보다 이해관계자들을 위한 가치를 창조하는 데 역점을 두겠다"는 것이었습니다. 기업의 이해관계자는 고객, 직원, 커뮤니티 등 기업활동의 이해관계와 관련된 모든 주체를 의미합니다. 이 서명에는 코카콜라, 펩시콜라, 프록터

앤갬블(P&G), 존슨앤존슨 등의 소비재 기업과 페덱스, 유피에스, 아메리칸항공, 제너럴모터스 등의 운송기업, 월마트, 메이시즈 등의 유통 대기업, 언스트앤영(Ernst & Young), 딜로이트 등의 전문 서비스 기업까지 포함되어 있습니다. 이들이 성명을 발표한 이후 구체적인 실천방법이 없고 성명에 불과하다며 이 성명을 최근의 부정적인 여론을 잠재우기 위한 시도라는 비판도 있었지만, 기업 스스로 주주 이익 대신에 이해관계자들의 가치를 중시하겠다는 발표를 한 것만으로도 이제 새로운 자본주의 시대가 다가오고 있음을 보여줍니다.

9월 말(일부 여론조사 10월 초) 미국 민주당 대통령 후보로 나서겠다고 선언한 지 6개월 만에 그녀는 지지율 1위를 고수하던 전 부통령 조 바이든을 넘어 여론조사에서 1위를 차지했습니다. 이후 다른 진보 후보인 버니 샌더스와 진보적인 지지표를 나누면서 바이든에게 선두를 내주는 등 다시 반전을 겪고 있습니다. 하지만 지난 3월 그녀가 처음 출마를 선언했을 때 버니 샌더스와 그녀처럼 그동안 주류에 속하지 못했던 진보적인 정치인들이 선전하리라고 생각한 사람은 많지 않았습니다. 이제 미국 정계에서 이들처럼 새로운 자본주의를 이야기하는 사람들이 무대에서 부상하는 것 자체가 변화의 신호입니다. [15]

전 세계적으로 빈부격차가 심해지고 있습니다. 원인에 대한 다양한 분석은 있으나 지난 수십 년 동안 신자유주의와 세계화, 주주 중심의 자본주의가 소수에게 부의 집중을 가져왔다는 인식과 비판이 확산되고 있습니다. 실제 많은 연구가 빈부격차 문제의 주된 원인을 그렇게 보고 있습니다. 문제는 여기에 세계 전반의 경기불황이 겹쳐 빈부격차가 고착화되어 가고 있고, 현재의 메커니즘 안에서는 이를 해결할 마땅한 방법이 없다는 것입니다. 당분간 경기의 불확실성은 더욱 심해지고 불황이 장기화되면 이런 문제가 증폭될 수 있다는 우려가 큽니다.

1929년의 금융위기와 대공황 이후 가장 큰 금융위기였던 2008년 금융위기 이후 세계는 극심한 불평등의 고통을 겪고 있습니다. 미국은 현재 1980년대 이후 가장 큰 불평등의 시기를 보내고 있습니다. 많은 미국인들은 현재의 경제상황이 중산층과 빈곤층보다 부자들에게 더 이득이 된다고 보고 있습니다. 미국의 퓨리서치센터가 2019년 9월 미국 성인 6,878명을 대상으로 한 설문조사에서 응답자의 69퍼센트가 현재의 경제 상황이 부자들에게 더 도움이 된다라고 응답했습니다. 이에 반해 중산층과 빈곤층에 도움이 된다는 응답은 각각 32퍼센트와 27퍼센트로 나왔습니다.[16]

OECD 회원국을 대상으로 한 통계에 따르면 회원국들의 1995년부터 2005년까지 10년 동안의 가계 가처분소득은 가계의 98퍼센트가 증가했고, 2퍼센트만 감소했습니다. 그런데 이런 트렌드는 2005년부터 2015년까지의 10년 동안 극적인 변화를 겪습니다. 가처분소득이 증가한 가구는 98퍼센트에서 30퍼센트로 떨어지고, 감소한 가구는 2퍼센트에서 70퍼센트로 올랐습니다. 물론 이 수치는 나라마다 차이가 있습니다. 예를 들어 가처분소득이 감소한 가계의 비중은 스웨덴보다 미국이 더 높습니다. 이 숫자가 의미하는 것은 분명하고 암울합니다. 현재보다 미래에 더 잘살 수 있다고 생각하면서 살아왔는데, 이제는 오늘보다 내일이 결코 더 낫지 않다는 것을 의미하기 때문입니다.

이 암울한 시대를 젊은 세대와 그다음 세대들이 살아내야 합니다.[17]

이런 상황에서 주주 중심의 단기 이익을 추구하고 수익을 극대화하는 데만 집중하는 기업들의 행태에 대한 비판이 확산되고 있고, 주주뿐 아니라 기업과 관련된 모든 이해관계자들이 함께 공존할 수 있어야 한다는 목소리가 높아지고 있습니다. 노벨 경제학상 수상자인 조지프 스티글리츠는 많은 사람이 직장을 잃거나 최저임금조차 벌지 못해 정부지원에 의존하게 된다는 것은 경제 시스템이 작동해야 하는 방식대로 작동하지 않는다는 것을 의미하며, 이런 불평등 문제의 해결책은 자본주의의 전제인 개인의 이익이 아니라 커뮤니티에 초점을 두는 것이라고 했습니다.[18]

기업도 스스로 인정하는 문제

세계 최대의 자산운용사인 블랙락의 CEO인 래리 핑크(Larry Fink)는 몇 년 전부터 해마다 연초에 'CEO들에게'라는 공개편지를 씁니다. 2019년 1월에 작성된 편지에

사회적 가치 비즈니스

는 CEO들에게 비즈니스의 목적(purpose)을 생각하라고 썼습니다. 구체적으로 특정한 목적을 지칭하진 않았지만, 이제 기업이 주주만을 위한 기업이 아니라 사회와 이해관계자들을 위한 목적을 가지라고 주문한 것입니다. 그리고 그는 사회적인 혜택을 고려하지 않는 주주의 이익은 의미가 없다고도 했습니다.[19]

래리 핑크가 제시하는 메시지는 분명합니다. 기업들이 이제 목적의식을 가지고 사회적 가치를 지향하고 사회적인 책임을 지라는 것입니다. 물론 블랙락의 CEO가 이런 얘기를 하는 데 대한 비판도 있습니다. 블랙락, 뱅가드, 스테이트 스트리트의 세계 3대 자산운용사는 중국 전체 GDP를 넘는 자산을 관리하고 있고, 이들이 관리하는 화석연료 포트폴리오(석유, 가스, 석탄 회사에 대한 투자)는 3000억 달러(360조 원)가 넘습니다.[20]

이들의 투자금은 개인들의 저축과 연금에서 나옵니다. 이들은 파리협정 이후에도 탄소배출이 가장 심한 기업 중 일부에 수십억 달러의 지분을 키워 왔습니다. 특히 블랙락은 열연료, 석유, 가스 회사의 지분이 2016년 이후 34.8퍼센트나 증가했습니다. 이런 투자기업이 다른 기업들에게 기업운영을 하면서 경제적인 수익 외의 다른 목적을 고려하라고 말할 자격이 있느냐는 비판입니다. 그런데 다른 측면에서 보면, 투자대상이 어떤 기업이든 가리지 않고 수익을 우선하여 생각하던 기업이 이제 다른 기업들에게 목적의식을 가지라고 이야기한다는 것은 곧 기업들에 대한 변화의 요구와 목소리를 듣고 있고 실제로 변화해야 한다고 스스로 인정하는 셈입니다. 실제로 블랙락도 군수기업에 투자해 왔으면서도 최근 총기 제조업체와 소매업체를 배제한 새로운 펀드(gun-free fund)를 만들었습니다.[21]

비영리단체와 활동가들이 블랙락의 활동이나 투자 행태에 대한 비판을 강화하자, 사태의 심각성을 인식한 래리 핑크는 2020년 1월에 발표된 'CEO들에게' 메일에서 더욱 전향적인 입장을 취합니다. 이 메일에서 래리 핑크는 기후변화가 블랙락의 장기적인 전망을 좌우하는 요소가 되었음을 인정하고(이 메일에서 '기후'라는 단어가 무려 29번이나 나옵니다), 지속가능 펀드에 대한 투자를 두 배로 늘리겠다고 발표했습니다.[22]

그리고 수익의 4분의 1 이상을 열연료를 통해 만드는 기업들을 그들의 포트폴리오에서 제외하고, 환경, 사회 및 가버넌스(ESG)의 평가기준을 전통적인 기준인 유동성 및 신용위험과 동일한 수준으로 보겠다고 발표했습니다.

기업들이 변화해야 한다는 여론과 이에 대한 대응은 당연히 그들의 사업성과 미래의 지속가능성과도 직결됩니다. 시장과 소비자들의 변화에 대한 주문과 요구를 반영해야만 생존할 수 있기 때문입니다. 자본주의의 가장 첨단에서 가장 뛰어난 포트폴리오를 가지고 돈을 벌던 기업이 이제 사회적 혜택과 목적을 이야기하는 시대가 되었습니다.

미국의 기업들이 '목적(purpose)'이라는 단어를 쓸 때는 경제적인 수익 추구 이외의 다른 목적을 의미합니다. 목적은 산출과는 다릅니다. 경제적인 수익은 경영활동의 결과로 나오는 산출물이지만 목적은 기업활동의 근본적인 지향점입니다. 기업이 목적을 가지라고 이야기하는 것은 수익 창출만이 기업의 목적이 아니라는 것입니다. 여기서 목적은 꼭 목적 앞에 특정한 단어를 붙이지 않더라도 사회적인 또는 환경적인 목적으로 이해됩니다.[23] 따라서 기업이 목적을 추구한다는 것은 우리가 지금까지 이야기한 사회적 가치를 추구하는 것과 일맥상통합니다. 앞서 제기했듯이 미국에서 사회적 가치란 공유가치창출에서처럼 결과물로 창출되는 가치의 좁은 의미로 해석됩니다. 따라서 사회적 가치라고 표현하지 않고 목적 추구로 표현하는 것이 공공선과 공익에 기여하는 보다 포용적 의미의 사회적 가치의 추구로 볼 수 있습니다. 다양한 기업이나 기업 관련 단체에서 기업의 목적이라는 말이 나오고 있습니다. 옥스퍼드 대학과 언스트앤영에 따르면 1995년부터 2016년까지 목적에 관한 공적 담론이 5배나 증가했다고 합니다.[24]

2019년 10월 14일, 전 세계에서 가장 큰 고객관리 솔루션인 세일즈포스의 CEO인 마크 베니오프는 우리에게 기존의 자본주의가 아니라 새로운 자본주의가 필요하다고 주장했습니다.[25] 기존의 자본주의는 불평등을 초래했고, 따라서 우리는 기업의 이윤 추구뿐 아니라 목적을 가지는 새로운 자본주의를 만들어야 한다는 것입니다. 그는 본인이 자본주의자라는 것을 인정하고, 그 시스템 내에서 엄청나게 많은 부를 얻었지만 지금의 자본주의가 만들어 내는 문제가 심각하다고 인정합니다. 지금의 자유시장주의가 많은 사람을 질병과 빈곤으로부터 구하고 번영을 가져다준 점도 있지만, 최근 몇 십 년 동안 주주의 이익에만 과도하게 집중한 나머지 불평등을 낳았다고 말합니다. 자신과 같은 0.1퍼센트의 사람들이 전체의 약 20퍼센트의 부를 차지하면서 현재 미국 내에서 수입의 불평등은 최근 50년 내에 가장 커졌다는 것입니다. 따라서 그는 이윤도 중요하지만 사회도 중요하며 보다 공정하고 지속가능한 자본주의가 필요하다고 역설합니다. 그는 물론 자신의 기업인 세일즈포스 사례를 들었지만, 더 확장된 미션을 수용하고 목적을 기업문화에 통합시킨 기업들이 경쟁사들에 비해 뛰어난 성과를 보이고 더 빨리 성장하며 이윤도 더 많이 낸다고 주장합니다.

자본주의 개선 요구가
확산되다

현재의 자본주의의 문제와 이에 대한 인식은 부를 가진 사람들보다 평범한 보통사람들, 즉 일반 소비자들이 더 크게 느끼고 있습니다. 이들은 소비자이기 이전에 경제활동의 주체이고 기업 종사자들입니다. 이들은 2008년 금융위기를 겪으며 미국과 유럽 각국에서 중산층이 몰락하는 것을 보았고 많은 사람들이 경제적인 부침을 겪는 것을 보면서 극단적인 수익 중심의 자본주의와 빈부격차, 부의 형평성 문제에 대해 비판적인 시각을 갖기 시작했습니다. 이런 변화의 움직임은 미국뿐 아니라 전 세계적으로 나타나고 있고, 개선 요구가 거세지고 있습니다.

사회적 가치 비즈니스

2019년 12월 20일, 프랑스 통신회사인 프랑스텔레콤의 전 대표와 임원들이 징역형과 벌금을 선고받았습니다.[26] 회사 직원들을 조직적으로 괴롭혀 자살에 이르게 한 것이 죄라는 이유에서인데, 이 소식은 프랑스 기업계에 큰 충격을 안겼습니다. 대표와 임원들이 괴롭힘에 직접 관여하지는 않았지만 기업의 목적을 위해 그런 전략을 쓴 것이 범죄라는 것입니다. 전례가 없던 일이라 더 큰 충격이었습니다.

2008년부터 2009년까지 불과 일 년 사이에 프랑스텔레콤 직원 중 무려 35명이 자살했습니다. 프랑스뿐 아니라 전 세계 어디에서도 한 기업에서 한 해 동안 직원 35명이 자살한다는 것은 상상하기 어려운 일입니다. 하지만 실제로 벌어졌습니다.

문제의 발단은 2004년부터 시작된 민영화 과정에서 2007~2008년 사이에 대대적인 인력감축과 비용절감 계획이 실행되면서부터입니다. 당시 구조조정의 일환으로 전 직원의 5분의 1(2만 2000명)을 해고하는 과정에서 해고 대상자들을 대상으로 심리적인 압박은 물론 조직적인 괴롭힘이 있었습니다. 그런 부당한 괴롭힘을 당해 본 적이 없었던 직원들은 고통을 못 견디고 퇴사하거나 극단적인 선택을 했습니다.

징역형을 받은 전 CEO는 재판에서 그런 일은 사업과정에서 흔히 겪는 일이고, 본인이 특별히 할 수 있는 것이 없었다고 항변했습니다. 그에게 직원은 회사에 중요한 이해관계자 중 하나가 아니라 언제든지 처리할 수 있는 처분의 대상이었을 뿐입니다. 그리고 이런 사고

방식은 극단적인 수익 중심의 주주 자본주의가 키워 온 산물입니다. 전 CEO는 아마도 1980년대와 1990년대 미국의 구조조정 열풍기에 GE(제너럴일렉트릭)를 이끌었던 잭 웰치와 같은 생각과 마인드를 가지고 있었을 것입니다. 잭 웰치는 1981년부터 2001년까지 무려 20년간 GE를 이끌었던 인물로 무자비한 구조조정으로 '중성자탄'이라는 별명을 얻었습니다. 당시 GE는 매년 업무평가에서 최하위 10퍼센트를 받은 인력을 해고했고, 약 2,000건의 인수합병을 거치면서 중성자탄처럼 건물은 남기고 사람은 없애 버리는 구조조정을 강행했습니다. 그에게 최상의 가치는 이윤이었고, 그는 높은 이윤을 내는 기업만이 사회적 책임을 질 수 있다고 말했습니다. 지금의 젊은 세대들은 상상하기 어려운 일이지만, 프랑스텔레콤의 전 CEO 세대에는 당연하고 자연스러운 일이었습니다. 그러니 재판의 판결이 그렇게 나온 것을 이해하지 못할 수밖에 없습니다. 그러나 앞으로 이와 유사한 재판이 열린다면 지금과 같은 판결이 나올 것입니다.

2018년 11월, 프랑스에서는 노랑 조끼를 입은 사람들이 거리로 몰려 나와 시위를 벌였습니다. 프랑스 정부가 유류세를 인상하자 이에 대한 반발로 일어난 시위입니다. 노랑 조끼 시위는 유류세 인상으로 가장 큰 타격을 받는 운수업 종사자들이 차량에 비치해 두는 비상용 노랑 조끼를 입고 나와 시위를 주도했기 때문에 붙여진 이름입니다. 이 시위에는 운수업 종사자뿐 아니라 일반 시민들까지 참여했습니다. 유류세 인상이 단순히 차량 이용에 대한 부담을 늘리는 것이 아니라 새로 출범한 마크롱 정부가 대기업과 부자들에게는

사회적 가치 비즈니스

세금을 경감해 주면서 일반 국민들에게는 더 높은 세금을 부담하려 한다는 이유에서였습니다.

시위가 계속 확산되자 결국 프랑스 정부는 2018년 12월에 유류세 추가 인상 계획을 중단한다고 발표했습니다. 그리고 2019년 9월 26일 프랑스 재정경제부장관은 2020년 예산안을 발표하면서 가계와 기업의 세금을 102억 유로(약 13조 4000억 원) 감면한다고 발표했습니다. 가계의 세금감면 규모는 93억 유로(12조 2000억 원)로, 전체 감세액의 대부분을 차지합니다. 프랑스 정부가 현재의 경제상황에서 일반 시민들의 가계 부담과 반발에 얼마나 신경 쓰고 있는지 알 수 있습니다.

지난 수십 년간 과도한 수익 추구 중심의 주주 자본주의가 낳은 불평등과 소득격차, 인권문제 등은 이제 모든 이해관계자들에게 문제로 인식되고 있고, 주주 자본주의의 지렛대 역할을 했던 기업들조차 이런 변화에 놀라고 새로운 요구에 적응해야 한다고 생각합니다. 기업들이 눈을 뜨기 시작한 건 이제는 이해관계자들을 속이거나 무시하면서 수익만 생각해서는 생존하기 어렵다는 것을 알기 때문입니다. 또한 미래의 지속성과 성장을 위해서는 고객을 포함한 이해관계자들의 정서와 요구를 수용하지 않고서는 불가능함을 알기 때문입니다. 더구나 현재가 아닌 미래를 이야기할 때는 곧 성장할 미래의 고객이 누구이고, 그들이 어떤 생각과 의식을 갖고 있는지 이해하고 대응해야만 합니다. 기업들은 그들의 생사를 누가 결정하는지 잘 알고 있기 때문입니다.

새로운 세대가 등장하다

깨어 있는 미래 세대가 온다,
밀레니얼 세대와 Z세대

2018년 8월 20일, 스웨덴의 의사당 앞에 한 소녀가 나와 혼자서 시위를 시작했습니다. 그녀가 들고 있는 피켓에는 "기후를 위한 학교 파업(School strike for the climate)"이라고 적혀 있었습니다. 그녀는 그날부터 스웨덴 총선이 열린 9월 9일까지 3주 동안 학교에 가지 않고 의사당 앞에서 매일 스웨덴 정부가 파리협약에 부응하여 탄소배출량을 줄이라고 요구했습니다. 스웨덴에서는 약 262년 만에 가장 뜨거운 여름과 산불이 몰아치고 간 후였습니다. 그때 그녀는 열다섯 살이었습니다.

그레타 툰베리의 활동이 소셜미디어를 통해 알려지면서 유럽을 비롯한 전 세계에서 10대 청소년들이 매주 금요일 오후에 학교에 가지 않고 밖으로 나와 피켓을 들고 시위를 벌이기 시작했습니다. 기성세대가 즉각 나서서 자신들과 모든 세대를 위해 지구 환경을 보호하라고 요구했습니다.

그레타 툰베리는 미래 세대와 그들이 기성세대와 세상에 원하는 것을 대변하는 상징이 되었습니다. 그리고 그녀와 그 세대의 목소리는 이전 세대의 마인드세트, 메커니즘, 시스템 전체를 비판하는 동력이 되고 있습니다. 지난 7개월 동안 우리가 사회적 가치 아카데미에서 이야기했던 변화의 동인은 바로 부상하는 밀레니얼 세대와 이후 세대, 그리고 그들의 변화에 대한 요구와 활동이 점점 더 구체화되고 현실로 확산되고 있다는 것입니다.

변화의 두 번째 강력한 동인은 새로운 세대의 등장입니다. 바로 밀레니얼 세대와 Z세대입니다. 사전적인 의미로 밀레니얼 세대는 1980년대 초반부터 2000년대 초반에 출생한 이들을 의미하고, Z세대는 인구통계학적으로 1990년대 중반부터 2010년대 초반에 출생한 세대를 말합니다. 양 세대를 단정적으로 구분 짓기가 모호하지만, 이 세대들 모두 기성세대와 큰 차이를 보인다는 점은 같습니다. 밀레니얼 세대는 현재 전 세계 절반의 노동인구를 구성하고 있고, 향후 세계 경제의 중추가 될 세대입니다.[27]

특히 밀레니얼 세대는 2008년 금융위기 이후 소수 부유층의 극단적인 이익 추구가 만들어 온 극심한 불평등과 사회문제를 자신들의 가정과 문 밖에서 직접 보고 부딪혔던 세대입니다. 2018년 현재도 미국인이 소유한 주식의 84퍼센트는 10퍼센트의 부유층이 갖고 있습니다. 밀레니얼 세대는 월스트리트의 자본가와 투자은행이 초래한 경제위기와 불황에 직접 길거리로 나가 '점거(occupy)' 운동으로 대항하기도 하고, 경제적인 어려움에 처한 소비자들을 외면한 채 단기 이익에만 몰두하는 은행과 기업에 대해 비판하기 시작했습니다.

자신들이 사회로 나가 대면하기 시작한 척박한 현실도 이들의 비판적인 시각을 키웠습니다. 학자금을 대출받아 다닌 대학을 졸업하고 일자리를 구하려고 했지만 막상 필요한 수준의 임금을 주는 적절한 일자리를 구하기 어렵고, 일자리를 구한다고 해도 노동 강도는 높고 임금은 낮아서 대출금을 갚으면서 생활하기 어려운 처지에 놓입니다. 힘든 상황에서 생존을 위해 고군분투하는 이들은 기업에도 사회에 대한 책임을 지고 사회적 목적에 기여하라고 요구합니다.

미국 딜로이트 조사에 따르면 2013년부터 비즈니스의 주된 목적이 이윤을 창출하는 것이 아니라 사회적 가치를 창출하는 것이라고 말한 밀레니얼 세대가 절반을 넘어섰습니다. 같은 기관의 2018년 조사에 따르면, 직장에 다니는 밀레니얼 세대에게 기업의 목적이 수익을 창출하는 것보다 사회를 개선하는 것이 되어야 한다고 생각하는가라고 물었을 때 응답자 중 63퍼센트가 그렇다라고 대답했습니다.[28]

퓨리서치센터의 조사에서는 밀레니얼 세대의 84퍼센트가 세상을 긍정적으로 만드는 것이 전문가로 인정받는 것보다 더 중요하다고 응답했습니다. 이런 인식은 일시적이고 지나가는 유행이 아닙니다. 패러다임이 바뀌고 있다는 증거입니다.[29]

현재 미국에서 밀레니얼 세대는 전체 인구의 약 30퍼센트를 차지하며 매년 6000억 달러의 구매력을 보이고 있습니다. 이들이 보여주는 의식 있는 소비가 기업을 변화시키고 있습니다. 대표적인 예가 플라스틱을 사용하지 않는 것입니다. 2014년 미국 최초로 캘리포니아주의 대형마트에서 일회용 비닐 사용이 금지되었고, 이후 많은 지방자치단체가 따르고 있습니다. 스타벅스는 2020년까지 전 세계 매장에서 플라스틱 빨대를 없애겠다고 발표했습니다.[30]

이런 시각은 한국도 마찬가지입니다. 한국의 젊은 세대도 소비를 통해 자신의 신념과 가치를 거리낌 없이 표현하는 미닝 아웃(meaning out)이 자연스럽고, 자신의 소신과 맞으면 구입과정이나 사용할 때의 불편함도 감수할 수 있다고 합니다.[31]

밀레니얼·Z 세대는 이제 기업을 달리 봅니다. 기업이 사회를 위해 무엇을 하는지 유심히 보고 사회적으로 가치 있는 일을 만들어 내지 않거나 사회에 기여하지 않는 기업을 나쁘게 봅니다. 이제 이들은 기업의 상품을 구매하는 수동적인 소비자가 아니라 시민으로서의 권리를 적극적으로 주장하고, 이들이 갖고 있는 신념에 맞는 브랜드를 찾습니다.

물론 이런 시각은 밀레니얼·Z 세대에게만 나타나는 것은 아닙니다. 경제적인 수익과 부의 축적을 최우선으로 삼고 살아왔던 이전 세대도 자신과 자신의 자식들을 위해 사회가 보다 균형 잡히고 인간적인 곳이 되길 바랍니다. 물론 산업화시대의 경제성장 패러다임에 체화된 마인드와 의식을 온전히 바꾸기는 쉽지 않습니다. 보다 포용적이고 인간다운 공동체와 사회를 생각하는 데에는 더 많은 자극과 시간이 필요합니다.

하지만 밀레니얼·Z 세대는 기성세대와는 다른 가치관과 사고방식으로 움직입니다. 그들은 이전의 부정적인 규범을 거부하고 지금까지와는 다른 것들을 열망합니다. 산업화시대의 전통적 논리에 다양한 방식으로 맞서며 일상의 모든 것을 직접 선택하고 결정하기를 원하고, 일관된 경력 유지가 중요하다는 관념에서부터 돈의 가치에 이르기까지 모든 생각에 의문을 제기합니다. 그리고 자신이 입고 있는 옷이 얼마나 자신에게 어울리는가 하는 것뿐 아니라 어디서 어떻게 만들어졌는지도 꼼꼼히 따집니다. 자신만의 미디어를 창조하고 전파하면서 자신의 견해를 표현하고 자신의 가치관과 배치되는 기업에 대해서는 불매운동을 벌이며 자신의 가치관과 일치하는 기업은 적극 후원합니다. 가능하면 공정무역 제품을 사려고 노력하고 노예노동으로 생산된 제품은 배격합니다. 무엇인가에 충성심을 보이고, 투표를 하고, 심지어 즐기기 위해 돈과 시간을 들일 때에도 주변의 다른 사람들과 세계에 긍정적인 영향을 끼치고 싶어 합니다.

미국의 리서치업체 CONE 커뮤니케이션즈에서 2017년에 발간한 《Z세대에 관한 보고서》에서 Z세대의 90퍼센트는 사회적으로 도움이 되는 제품을 구매하는 경향이 있고, 84퍼센트는 뜻있는 일을 위한 청원서에 서명하며, 76퍼센트는 사회에 해를 준다고 판단한 기업의 불매운동에 참여하는 것으로 나타났습니다. [32]

한국의 밀레니얼·Z 세대도 기존 사회의 기준이나 통념에서 벗어나 자신만의 기준을 갖고 있고 사회나 타인에게 인정받는 삶의 방식보다 나에게 맞는 방식을 선택하려고 합니다(53.6퍼센트). [33] 14~24세의 Z세대 사회 이슈 관련 태도 조사에서 '나는 착한 소비를 위해 노력한다'는 비중이 매우 그렇다(14.3퍼센트), 그렇다(38.0퍼센트) 등

긍정적인 비중이 52.3퍼센트나 차지했고, 특히 중고생 비율은 60.7 퍼센트였습니다. [34]

미래 주류에게
맞추기

재미교포들이 1984년에 만들어 성 공시킨 '포에버21'이라는 브랜드가 얼마 전에 파산신청을 했습니다. 포에버21은 저가 의류를 유행에 맞춰 빨리 생산하여 소비자들이 아 무 때나 부담 없이 구매하여 입을 수 있도록 했습니다. 포에버21은 자라와 H&M 같은 브랜드와 함께 패스트패션의 대명사로 1990년 대 젊은 고객들에게 큰 인기를 끌었습니다. 특히 10대들에게 인기 가 높았는데 TV에서 연예인들이 입던 디자인의 옷을 며칠 후 이곳 에서 5달러에 구입해서 입을 수 있었기 때문입니다. 과도한 확장경 영이 문제가 되어 파산신청을 했다는 지적도 있지만 보다 근본적인 원인은 고객들의 소비성향과 마인드가 바뀌었는데 이를 따라가지 못했다는 데 있습니다. 젊은 소비자들은 이제 자신들의 소신과 가 치관에 맞게 행동합니다. [35]

스웨덴의 H&M이나 스페인의 자라(Zara)는 환경 친화적인 컬렉 션을 만들며 이런 환경변화에 적응하려고 했는데 포에버21은 그런 대응이 부족했다는 것입니다. 최근 6년 동안 구글 검색에서 지속가 능한 패션(sustainable fashion)이라는 키워드는 46퍼센트 증가했고,

도덕적인 패션(ethical fashion)이라는 키워드는 25퍼센트 증가했습니다.[36]

중요한 것은 이들 젊은 세대가 중요한 고객으로 부상하고 있고 미래의 주류 고객이라는 점입니다. 따라서 이들의 생각과 마인드를 읽고 비즈니스에 반영하는 것이 기업의 생존에 중요합니다. 이 때문에 기존 기업들도 이들의 가치관과 생각에 맞추려고 하고, 사회적 책임도 기존의 단순한 기부나 자원봉사 활동과는 달리 보다 임팩트 있는 방식으로 제시하려고 합니다.

아디다스는 2017년부터 팔리(Parley)라는 해양 플라스틱 오염방지 비영리단체와 협업하여 폐플라스틱을 원료로 만든 신발을 판매하고 있습니다. 2017년에 100만 켤레, 2018년에는 500만 켤레를 판매했고, 2019년에는 1100만 켤레 이상을 판매할 것으로 예상하고 있습니다. 아디다스의 이러한 친환경적 이니시어티브에 많은 젊은이들이 호응했습니다. 아디다스–팔리를 판매한 첫해인 2017년부터 2018년까지 1년 동안 아디다스의 브랜드 가치는 83억 달러에서 125억 달러로 무려 50퍼센트나 상승했습니다.[37] 그리고 2019년에는 폐플라스틱을 원료로 사용하는 비중을 점차 늘려 나가 2024년에는 자사의 모든 제품을 폐플라스틱으로 만들겠다고 선언했습니다.

패션산업은 석유산업 다음으로 환경에 나쁜 영향을 미치는 산업으로 알려져 있습니다. 면화와 같은 원료의 생산부터 의류제품을 만드는 데 필요한 염색 등의 과정에서 많은 양의 물을 쓸 뿐만 아니라 수질도 오염시킵니다. 의류시장은 수많은 패션 기업들의 경쟁

때문에 비즈니스를 지속하려면 소비자들이 계속 그리고 자주 옷을 사게 해야 합니다. 시즌마다 트렌드를 바꾸고 새로운 제품을 빨리 그리고 지속적으로 출시하여 소비자들의 주목을 끄는 것이 경쟁에서 살아남는 법입니다. 이런 패스트패션 방식은 환경에 압력과 부담을 줄 뿐 아니라 환경이 스스로 개선할 여유도 주지 않습니다. 그럼에도 불구하고 많은 패션 기업들은 치열한 경쟁환경에서 생존하기 위해 기존의 방식을 고수하고 있습니다.

젊은 고객들의 환경에 대한 인식이 변화했고 친환경적인 제품을 찾으면서 기업들도 고객들의 인식변화와 소비방식에 맞춰 변화해야 한다는 사실을 알았습니다. 친환경주의자들로부터 패스트패션의 주범으로 비난받고 있는 자라(Zara)도 친환경 컬렉션을 만들었습니다. 그리고 홈페이지에 그들이 운영하는 공장은 노동자들의 안전과 근무환경을 배려하고 있다는 문구를 올렸습니다. 물론 이런 변화는 부상하고 있는 새로운 고객을 고려해서 만들어집니다. H&M은 2020년까지 자신들이 사용하는 모든 면은 재활용, 유기농 또는 베터 코튼 이니시어티브(Better Cotton Initiative)라는 지속가능 프로그램을 거친 재료만 사용하겠다고 발표했습니다. H&M은 2019년에 웹사이트에 새로운 섹션을 만들어 제품의 생산지, 공급자, 공장명과 주소, 종업원 수 등을 포함한 정보를 공개했습니다. 고객들은 이 섹션에서 특정 제품을 만드는 데 쓰인 재료에 대해 더 알아볼 수 있고, 어떻게 재활용하는지도 알 수 있습니다.[38]

자라, H&M은 처음부터 가치사슬과 경영활동에 사회적 가치를 내재화하며 시작한 기업들과는 다릅니다. 주류 제품들의 생산 라인은 여전히 전통적인 구조와 방식으로 움직이고 있습니다. 자라는 일 년에 4억 5000만 벌의 옷을 만드는데, 매주 500개, 일 년에 2만여 개의 새로운 디자인으로 만들어 냅니다.[39] 전통적인 구조와 방식에 원료조달 단계에서 사회적 가치를 반영한 제품 라인을 별개로 만든 것에 불과합니다. 아디다스는 이들보다 한 단계 더 나아갔습니다. 약속한 대로 모든 제품을 폐플라스틱으로 만든다면 원료조달 단계에서 사회적 가치를 상당히 반영할 수 있습니다. 이 기업들의 행태는 사회적 가치 측면에서 볼 때 과거보다는 진전된 것입니다. 아무것도 하지 않는 것보다 사회적 가치를 단계적으로 반영하려는 시도라도 하는 것이 낫습니다. 기업들이 이런 시도를 하는 것은 그만큼 기업활동과 사회적 책임에 본질적인 변화가 필요함을 인식했기 때문입니다.

새로운 세대가 시장에서 힘을 얻기 시작하면서 기업들도 이들이 가진 생각이나 요구사항에 귀를 기울이기 시작했습니다. 궁극적으로 보면 이들이 미래의 절대적인 소비자이기 때문입니다. 밀레니얼·Z 세대가 갖는 의식은 그들의 부모 세대인 베이비부머 세대의 그것과는 전혀 다릅니다. 물론 나라마다 문화적인 특성이 있기 때문에 세대의 범위와 개별 세대가 보이는 의식과 행태에는 차이가 있습니다.

특히 밀레니얼 세대는 Z세대보다 이전 세대에 더 가까운 경향을 보이는 면도 있습니다. 그런 차이를 떠나 미래의 중심 세대와 과거의 주력 세대가 공존하는 조직이나 공동체에서는 서로를 이해하지 못해 생기는 갈등이 많습니다. 세대 간의 생각과 가치관의 차이는 기업들의 생존과 성장에 영향을 미칩니다.

《뉴욕 타임즈》는 2019년 1월, 치즈 보관 창고에서 미국산 치즈 14억 파운드가 썩어 가고 있다고 보도했습니다. 미국산 치즈는 공장에서 대량으로 가공되는 치즈로 미국 대중문화의 상징인 햄버거에 쓰입니다. 맥도널드와 같은 패스트푸드 체인이 늘어나면서 그 수요도 급증했습니다. 그런데 지금은 이 미국의 상징을 떠받치는 미국산 치즈의 수요가 감소하여 창고에서 썩고 있습니다. 친환경적이고 자연적인 음식을 선호하는 트렌드가 가공 치즈보다 직접 손으로 만든 유럽산 치즈를 찾게 만들었습니다. 그리고 그 트렌드의 핵심 역할을 한 것이 바로 미국의 밀레니얼·Z 세대입니다.

밀레니얼·Z 세대는 소비에 관해서도 이전 세대와는 다른 의식과 행태를 보이고 있습니다. 이들은 친환경적이고 윤리적인 상품을 선호합니다. 따라서 이들의 기호와 생각을 맞추면서 시작하는 기업들은 기존 기업들과 다른 면모를 보입니다. 최근 부상하고 있는 윤리적 기업이 여기에 해당합니다. 물론 기존 기업들도 나름대로 변화하려고 노력하고 있습니다.

밀레니얼·Z 세대의 인구와 앞으로 이들의 소비력을 감안한다면 특정 음식을 기피한다는 것은 엄청난 시장의 변화를 의미합니다. 미국산 가공 치즈의 대표적인 브랜드가 바로 하인즈 크래프트입니다. 하인즈 크래프트는 토마토케첩으로 유서 깊은 기업인 하인즈사가 육가공회사인 크래프트를 인수하면서 합쳐진 이름입니다. 그런데 하인즈사가 크래프트사를 인수한 이후 상당한 후유증에 시달렸습니다. 크래프트사를 비싼 가격에 인수한 탓도 있지만 크래프트사의 제품이 기대했던 것과 달리 잘 팔리지 않았기 때문입니다. 판매 부진의 핵심 원인이 바로 밀레니얼·Z 세대의 기호와 가치관입니다. 하인즈 크래프트는 실적이 악화되고 부채가 증가하자 2019년 1월 결국 갖고 있던 알짜기업 중 하나인 127년 전통의 커피 브랜드 맥스웰 하우스를 매각하기로 결정했습니다.

하인즈 크래프트 이야기 중에 재미있는 맥락이 또 있습니다. 투자의 귀재라 불리는 워런 버핏도 하인즈 크래프트 주식을 가지고 있었는데, 공공연하게 이 주식을 절대로 팔지 않겠다고 말해 왔습니다. 그런데 실적이 지속적으로 나빠지자 결국 최근에 자신이 틀렸음을 인정했습니다. 밀레니얼·Z 세대의 생각과 가치관이 투자의 귀재조차 예측하지 못하게 만들었습니다.

시장조사기관 NPD 그룹의 조사결과 미국 소비자의 9퍼센트는 식품이나 음료를 구입할 때 환경을 가장 중요한 의사결정 요소로 생각하고 있으며, 이러한 성향은 특히 18~44세 소비자들에게 높게 나타났습니다.

정치 프레임까지
바꾸다

밀레니얼 세대의 특성은 정책을 만드는 데에서도 나타납니다. 최근 미국 정계에서 부상하고 있는 정치인은 민주당 출신 초선 연방하원의원인 알렉산드리아 오카시오-코르테즈입니다. 그녀는 2018년 민주당 경선에서 스물여덟 살의 나이로 뉴욕시 14번 선거구에서 민주당 당원대회 의장이자 그 지역구의 10선 현역의원인 존 콜리를 꺾고, 11월 총선에서 공화당 후보를 이겨 미국 역사상 최연소 연방하원의원으로 당선되었습니다.

그녀는 푸에르토리코 출신 부모를 가진 이민 2세로 보스턴 대학에서 국제관계학과 경제학을 전공하고, 지역 커뮤니티에서 활동가로 일했습니다. 연방하원의원 선거를 위한 민주당 경선에 도전하기 직전까지 청소일과 버스 운전을 하던 어머니를 도와 웨이트리스와 바텐더로 일했습니다.

대학 재학 중일 때 테드 케네디 상원의원의 인턴으로 일한 적이 있습니다. 의원실 내에서 유일하게 스페인어를 할 수 있는 사람이었습니다. 그래서 그녀는 멕시코 이민자의 부인이 자기 남편이 길거리에서 이민세관국 관리에게 잡혀갔다고 의원실에 전화했을 때 유일하게 응대할 수 있는 사람이었습니다. 스무 살 때의 이 경험은 그녀에게 많은 영향을 미칩니다.

그녀는 2016년 대선 때 민주당의 진보적인 후보인 버니 샌더스를 위해 일했고, 버니 샌더스가 경선에서 힐러리 클린턴 후보에게

패한 후 미국 전역을 돌아다니며 그녀의 정치적 삶을 결정하는 사건들을 만납니다. 대표적인 만남이 노스다코타 지역에서 스탠딩 락 인디언보호구역 근처를 지나가는 석유 파이프라인을 반대하는 지역 커뮤니티의 풀뿌리 운동이었습니다. 그녀는 선거에 출마했을 때, 그때의 경험을 바탕으로 주민들을 직접 찾아다니며 이야기를 경청하고 이해하려는 풀뿌리 중심의 선거운동을 펼쳤고, 이러한 활동은 기존의 관행적인 선거운동 방식에 식상해 있던 선거민들의 마음을 움직였습니다.

10선의 현역의원을 15퍼센트 격차로 따돌리고 그녀가 경선에서 승리하자 정치권은 충격에 빠졌고 그녀에게 이목이 집중되었습니다. 선거 후 해당 지역구의 다양한 인종 구성 때문에 그녀가 당선되었다는 트윗이 올라오자, 그녀는 자신이 승리한 이유를, 첫째 다양한 인종이 아니라 유권자들 덕분이며, 둘째 신발에 빗물이 들어올 때까지 유권자들의 집을 방문하여 문을 두드렸기 때문이라며 선거운동 때 신었던 밑창이 구멍 난 신발 사진을 올려서 비판을 깔끔하게 끝내 버립니다. 그녀는 공립대학과 직업학교의 무료화, 국가관리 단일 건강보험체계(Medicare for All), 연방 차원의 일자리 보장 의무(Federal Job Guarantee), 이민세관국(U.S. Immigration and Customs Enforcement)의 폐지, 1000만 달러 이상 소득에 70퍼센트의 한계세율 부과 등 매우 진보적인 정책들을 옹호하고 있습니다.

민주당 내에서 최근 그녀가 주도하고 있는 정책 이니시어티브는 '그린 뉴 딜(Green New Deal)'입니다. 그린 뉴 딜은 지구온난화와 경제적 불평등을 해소하기 위한 경제 활성화 프로그램입니다. 뉴 딜은 1930년대 대공황 시절 당시 프랭클린 루스벨트 미국 대통령이 경제를 활성화하기 위해 취한 대규모 공공 프로젝트를 지칭합니다. 그린 뉴 딜은 지구를 위험에 빠뜨리는 탄소배출을 줄이면서 과거 뉴딜 정책을 통한 경제 활성화처럼 위대한 중산층 경제를 다시 건설하자는 기치입니다. 오카시오-코르테즈 의원은 대체 에너지, 자원활용의 효율화 등과 결합하여 경제를 친환경적으로 활성화하는 프로젝트를 제안했습니다. 구체적으로는 2030년까지 미국의 모든 에너지 수요를 대체 에너지와 신재생 에너지로 전환하자는 것입니다.

2019년 2월, 오카시오-코르테즈 의원은 의회에서 같은 민주당의 에드 마키 의원과 함께 '그린 뉴 딜' 결의안을 제안했습니다. '그린 뉴 딜'은 최근 일부 언론이나 녹색당 등에서 사용했었지만 제도 정치권 내에서는 오카시오-코르테즈 의원의 결의안이 처음 다룬 것입니다.[40]

그린 뉴 딜은 연령과 세대, 정당을 초월하여 상당수 유권자의 지지를 받고 있습니다. 특히 기후변화 문제에 대해 관심이 많은 밀레니얼·Z 세대들은 자신들의 현재와 미래에 심각한 영향을 미치는 문제에 대해 유효한 정책대안이 빨리 마련되기를 원합니다. 이런 움직임이 성가신 트럼프 대통령과 공화당은 그녀의 아이디어가 돈이 많이 드는 것이라면서 그 때문에 경제가 더 어려워지고 가난한 사람들의 일자리가 사라진다고 반박합니다. 그러면서 환경처장관에 에너지 기업의 로비스트를 임명하고, 이전 오바마 정부 때 강화된 규제를 포함하여 80개 이상의 환경 관련 규제를 완화했습니다.

기성 정당정치의 프레임에서 이뤄지는 많은 일들은 젊은 세대들의 생각과 희망을 수용하지 못할 뿐만 아니라 거스르기까지 합니다. 오카시오-코르테즈 의원의 등장은 이런 프레임을 이제 바꾸어야 한다는 유권자들의 목소리였습니다. 그녀는 선거 전뿐 아니라 당선된 이후에도 계속 이 목소리를 대변해 오고 있습니다. 그녀의 등장과 새로운 아이디어에 트럼프 대통령과 일부 공화당 의원들은 그녀가 푸에르토리코 이민 2세대라는 점, 뉴욕의 서민 지역 출신이라는 점, 명문대 집합체인 아이비리그를 나오지 않았다는 점을 들며 비꼬고 조롱하고 무시하려 들었지만, 그녀는 오히려 재치 있는 논리와 당당한 자세로 이들에게 찬물을 끼얹었습니다. 우파는 심지어 그녀를 공격하기 위해 그녀가 대학 시절에 영화 〈브랙퍼스트 클럽〉을 기리기 위해 동료들과 격정적으로 춤을 춘 동영상까지 찾아내 공개하면서 국회의원이 그렇게 춤을 추는 것은 부끄러운 일이라고 선동했지만, 그녀는 의원 사무실 문 앞에서 그 동영상의 춤을 가볍게 재연하며 활짝 웃는 동영상을 올려 응수했습니다. 그리고 앞서 유출된 동영상은 오히려 역풍을 맞습니다. 그런 구태가 이제 더 이상 통하지 않는 시대입니다. 그녀는 심지어 소속당인 민주당 내에서의 남성 중심 문화를 비판하기까지 합니다. 그녀에 대한 험담과 공격이 늘어날수록 그녀는 오히려 기성정치의 프레임을 깨는 선구자로 각인되고 있습니다. 버니 샌더스 의원은 그녀가 그렇게 주목받는다는 것 자체가 미국 정치의 주류가 변하고 있음을 보여 주는 것이라

사회적 가치 비즈니스

고 말했습니다.

오카시오-코르테즈 의원은 이제 미국의 정치판 내에서 밀레니얼·Z 세대의 정서와 생각을 대변하면서 미래를 주도해 나가고 있습니다. 밀레니얼·Z 세대의 가치관과 사고방식은 정치권뿐 아니라 모든 분야에서 미국 내 기성세대의 그것과 지속적으로 충돌하면서 경쟁하고 있습니다. 이들이 지향하고 옹호하는 사회적 가치와 공공성은 이제 단순히 상품의 선호도뿐 아니라 기업의 경영활동에 영향을 미치는 정책까지, 과거의 프레임에서 벗어나 새로운 방향으로 만들도록 요구하고 있습니다.

기업이 극단적인 이익 추구에서 벗어나 사회적인 목적과 가치를 더 생각하도록 기업의 지배구조를 바꾸자는 법이 제안되고, 경제를 친환경적인 방식으로 활성화하자는 주장이 나오고 있는 것은 새로운 세대들의 요구를 반영한 것입니다. 기업들은 이런 변화에 대응하기 위해 분주히 움직이며 자신들의 사업에 어떤 영향을 미칠지 분석하고 있습니다. 분명한 것은 주요 소비자와 고객들의 기업과 상품에 대한 생각과 선호도는 변화하고 있고 기업들은 여기에 대비해야 한다는 것입니다. 특히 젊은 고객층을 대상으로 트렌디한 상품이나 서비스를 제공하는 기업들은 이런 변화에 더 민감해야 합니다.

3장

사회적 가치와
경영전략

기존의 프레임, 공유가치창출

공유가치창출(CSV)이란

유니레버의 전 회장이자 최고경영자였던 니얼 피츠제럴드는 〈기업의 사회적 역할〉 보고서에서 "기업 경영자들에게 닥친 이러한 도전, 세계화에 따른 사회와 환경 문제를 해결하는 데 있어, 단순히 자선사업을 통해서 뿐만 아니라 기업의 혁신적·창의적 능력을 활용한 경영활동 방법을 통해 사회와 협력하는 문제는 21세기가 직면한 시대적 과제이다. 그리고 이것은 시장경제에 참여한 우리 모두가 해결해야 할 문제이다."라고 언급했습니다.

사회적 가치 비즈니스

사회와 환경에 긍정적 영향을 끼치기 위한 노력은 이제 더 이상 기업의 평판을 높이기 위한 선행 수준이 아니라, 기업이 미래의 지속성장을 위해서 반드시 수행해야 할 실질적이며 점점 더 절박한 책무로 인식되고 있습니다.

　기업경영은 경영환경의 변화에 주의를 기울입니다. 그리고 그 변화의 흐름과 방향성에 맞춰 경영전략을 수정합니다. 기업경영에서 사회와 환경에 대한 관심, 이를 위한 실천은 오래전부터 관련된 다양한 이해관계자들이 요구해 왔습니다. 피터 드러커는 이미 1970년대 초반에 "기업을 포함한 사회의 모든 기관이 사회와 경제, 커뮤니티와 개인을 위해 활동하도록 만드는 것이 과제이다."라고 말했습니다.[41]

　기업이 경제적인 수익 이외에 사회적인 가치도 함께 고려해야 한다는 생각 또한 오래전부터 해왔습니다. 변화의 단초는 1990년대 중반 학계를 중심으로 제기된 더블 바텀 라인(double bottom line)입니다.[42] 바텀 라인은 재무재표상의 맨 마지막 줄, 즉 순익(net profit)을 의미합니다. 경영활동을 통해 전체 예산에서 사용된 비용을 빼고 남은 수익을 의미합니다. 더블 바텀 라인은 바텀 라인을 하나 더 만드는 것으로, 그 라인은 기업의 경영활동을 통해 만들어 내는 사회적 가치입니다. 더블 바텀 라인은 사회적 가치 자체가 경제적 이익을 만들어 내는 경영활동에서 나오는 것입니다. 그런데 이 용어가 처음 나왔을 때의 의미는 일반 기업이 아니라 사회적 기업의 활동을 의미하는 것이었습니다. 즉, 사회적 기업이 경영활동을 통해 만들어 내는 수익 외의 사회적 가치를 말하는 것입니다. 더블 바텀 라인이라는 용어를 실제로 사용하면서 설명한 대표적인 예로는 파키스탄의 쿠시할리 은행의 마이크로파이낸스 프로그램[43]을 들 수 있습니다.

쿠시할리 은행은 사업의 지속적인 성장을 위해서 수익을 창출해야 합니다. 그러면서도 지역민들의 빈곤을 감소시킨다는 사회적 가치의 두 번째 바텀 라인을 갖고 있습니다. 두 번째 바텀 라인은 가난한 사람, 특히 가난한 여성들의 빈곤을 줄이고 복지를 늘리기 위해 마이크로 금융 서비스를 제공하면서 만들어졌습니다.

그런데 더블 바텀 라인 개념의 의미는 좋지만 또 다른 측면은 새로운 도전거리를 안겨 준다는 점입니다. 재무재표상의 바텀 라인은 구체적인 수치로 표시됩니다. 따라서 사회적 가치 바텀 라인이 가능하려면 사회적인 이익 또는 가치를 어떻게 계량화할지를 고민해야 합니다. 2000년대 초반까지 재정적 수익에 대한 일반적인 회계 원칙은 있었지만 사회적 임팩트에 상응하는 회계는 없었습니다. 이때 회계 측면에서 두 번째 바텀 라인을 계량화하는 방법으로 SROI(사회투자수익률 측정)가 등장했습니다. SROI는 전통적인 회계 방식에 반영되지 않는 환경 또는 사회적 가치 등을 측정하기 위해 만든 툴입니다. 이는 이해관계자들의 시각으로 봤을 때 자신들에게 어떤 임팩트나 혜택이 있는지를 화폐가치의 형태로 계량화한 것입니다.

SROI를 제외하고는 더블 바텀 라인을 현실화할 수 있는 유력한 방법이 제시되지 않았지만, 기업이 경제적인 수익 외에 환경과 같은 다른 요소도 고려해야 한다는 주장은 계속 있었습니다. 1990년대 말부터 2000년대 초반까지 다국적 기업들이 초래한 환경오염 사고가 빈번히 발생했고, 기후변화에 대한 불안과 의식이 커지면서 경제적 수익, 사회적 가치 외에 환경적 가치도 함께 고려해야 한다는 인식이 높아졌습니다. 따라서 기업이 이해관계자로부터 환경적 가치를 고려해야 한다는 요구를 받는다면 기업은 환경을 경영의 주요 요소로 인식하고 이를 적극 반영하는 조치를 취하려고 노력해야 합니다. 이러한 노력은 단순히 특정 산업이나 분야에서 환경을 고려하는 것을 넘어 지구환경 전체의 지속가능성에 더 큰 비중을 두고 확대되어 왔습니다. 기업들은 자신들의 경영활동이 이런 지속가능성에 어떤 영향을 미치는지 모니터링하면서 지속가능성에 기여하는 보고서를 만들었습니다.

그런데 이런 활동은 기업경영의 본질적인 측면을 크게 변화시키지는 못합니다. 기업경영의 궁극적인 목적은 수익을 창출하는 것이고 환경이나 지속가능성에 대한 고려는 수익 창출이라는 목적과 함께하는 요소일 뿐입니다. 이후 기업의 회계방식에 경제적인 수익만 고려하는 것이 아니라, 사회적 가치 추구와 환경을 위한 활동까지 같이 고려해야 한다는 주장이 제기되었고, 이때 등장한 것이 트리플 바텀 라인입니다. 트리플 바텀 라인은 어떤 기업이 경영활동을 통해서 만들어 내는 경제적인 수익 이외에 사회적으로 그리고 환경적으로 얼마나 기여하고 있는가를 보여 줍니다. 트리플 바텀 라인에 대한 인식이 확산되면서 2007년 UN으로부터 인증도 받았습니다.

그런데 더블 바텀 라인과 트리플 바텀 라인은 둘 다 회계방식에 기반을 둔 것으로, 창출되는 사회적 가치와 환경적 가치를 계산하는 데 중점을 두고 있습니다. 따라서 사회적 가치가 실제 경영활동에서 어떤 과정을 거쳐 만들어지는지를 보여 주지 못합니다.

기업활동은 경제적 가치를 추구해야 할 뿐 아니라 동시에 사회적 가치도 추구해야 한다고 생각하면서 더블 바텀 라인과 트리플 바텀 라인의 맥락은 이제 경영활동의 원칙으로 제시되기에 이르렀습니다. 2011년 하버드 비즈니스 스쿨의 마이클 포터 교수와 마크 R. 크레이머가 공유가치창출(CSV, Creating Shared Value)이라는 개념을 만들고 기업이 경제적 가치와 함께 사회적 가치도 동시에 추구해야 한다고 주장했습니다.

공유가치창출은 두 사람이 2006년 12월에 《하버드 비즈니스 리뷰》에 발표한 〈전략과 사회 : 경쟁우위와 CSR 간의 연결(Strategy and Society: The Link between Competitive Advantage and Corporate Social Responsibility)〉에서 처음 사용한 개념입니다. 이는 2011년 1월 〈공유가치창출 : 자본주의를 재창조하는 방법 - 혁신 및 성장의 흐름을 창출하기(Creating Shared Value: How to Reinvent Capitalism - unleash a wave of innovation and growth)〉에서 확장되었습니다.

마이클 포터 교수는 기업이 사회적인 문제와 필요(needs)를 해결하면서 경제적인 가치(수익)도 창출하고 사회적인 가치도 동시에 만들어 낼 수 있다고 주장했습니다. 사회적인 문제와 필요를 인식하고 이를 선택하여 시장에서 더 나은 서비스를 제공하거나, 혁신을 통해 기존 상품의 비용을 낮추거나, 새로운 시장을 창출하면서 그 문제와 필요를 해결할 수 있습니다. 예를 들어 월마트에서 나오는 포장재가 너무 많아 문제가 된다면 포장재를 줄임으로써 사회문제를 해결하고, 포장재 비용도 줄이며, 수익을 늘릴 수 있습니다. 또는 저개발국에서 일당 노동자로 살고 있는 저소득층 여성들에게 가격이 비싸고 큰 용기에 든 샴푸가 아닌 저가의 일회용 샴푸를 판매함으로써 기존에 없던 새로운 시장을 만들면서 해당 지역 여성들의 위생문제를 개선할 수 있습니다.

공저자인 마크 크레이머가 운영하는 CSV 컨설팅 그룹 FSG는 공유가치창출의 가이드라인을 다음과 같이 제시했습니다. 기업이 공유가치창출을 위해서는 우선 특정 공유가치의 명확한 비전을 제시해야 하고 최고위층의 적극적인 수행 의지와 리더십이 필요합니다. 그다음은 해결하려는 사회문제를 선정하고 구체적인 목표를 정하는 등의 전략을 세워야 합니다. 선정할 사회문제는 비즈니스 환경, 기업역량 외에 어떤 포지셔닝으로 갈 것인지, 그 사회문제의 해결을 통해 성장할 수 있는 가능성 등을 고려해야 합니다. 그런 다음 전략을 실행하기 위해 우선 기업이 가진 자산(현금, 인력, 상품 및 서비스, 사회적 영향력 등)을 적극적으로 활용하고, 다양한 부서가 함께 실행할 수 있도록 해야 합니다. 기업 외부의 다양한 파트너들과 협력하는 것도 포함됩니다. 공유가치창출은 실제 사업의 결과로 나타나는 것으로 사회적 변화, 사회적 가치로 나타납니다. 기업은 이런 변화와 개선을 체계적으로 관리하면서 다시 시스템에 반영하여 확대 재생산되도록 해야 합니다.

그러나 공유가치창출은 사회문제의 선정과 해결책을 공급자의 기준으로 제시하면서 정작 사회문제 해결의 이해관계자이자 해결책의 수혜자가 되는 사람들의 입장과 생각을 소홀히 할 수 있습니다. 2015년 9월, 인도의 모디 총리는 페이스북 본사를 방문해서 타운홀 미팅을 가졌습니다. 그는 여기에서 "인도의 모든 지역(60만 개의 마을)을 인터넷으로 연결하는 것이 꿈이다."라고 말했습니다. 페이스북의 CEO인 마크 주커버그는 자신이 페이스북의 미래가 불확실하다고 느꼈을 때 자신의 멘토인 스티브 잡스로부터 인도에 가라는 이야기를 듣고 그렇게 했다면서 화기애애한 분위기를 만들었습니다.[44)]

페이스북은 이미 2015년 2월에 인도에서 자신의 서비스를 론칭했습니다. 그 서비스의 이름은 프리베이직스(Free Basics)입니다. 프리베이직스는 페이스북이 개발한 모바일 앱으로 데이터를 많이 차지하는 그림이나 동영상을 없앤 일부 웹사이트에만 제한적으로 접근이 가능합니다. 그리고 그 관문은 페이스북입니다.[45)] 페이스북은 특정 이동통신사와 제휴하여 이 앱을 무료로 이용할 수 있도록 했습니다. 이용자들이 이를 통해 인터넷에 익숙해지면 데이터를 유료로 구매하여 인터넷 이용을 확대할 것이라는 계산이었습니다.

이 앱에서 지정한 웹사이트는 대부분 서양의 기업용 콘텐츠이고

사회적 가치 비즈니스

이용자들은 이 콘텐츠를 수동적으로 이용할 뿐 스스로 무언가를 배우거나 만들 수는 없습니다. 그러려면 돈을 내고 유료 인터넷을 이용하면서 더 다양한 콘텐츠를 즐기라는 것입니다. 물론 이 앱을 통해 페이스북을 관문으로 이용하는 데 익숙해진 이용자들은 당연히 그 행태를 유지할 가능성이 높습니다.

페이스북에게 인도는 잠재력이 엄청난 시장이었습니다. 페이스북은 2010년대 초반 북아메리카와 유럽의 가입자가 정체되면서 새로운 시장을 개척해야 했는데, 인도는 인구가 엄청났지만 인터넷을 이용하지 않는 사람이 많아 미래의 훌륭한 시장이 될 것으로 보였습니다. 마크 주커버그는 인터넷을 쓰지 않는 수많은 인도인이 인터넷을 이용하면 페이스북의 가입자를 획기적으로 늘릴 수 있다고 판단했습니다. 주커버그는 더 많은 인도인이 인터넷을 쓰게 만들고 싶었고, 그 관문은 페이스북이어야 한다고 생각했습니다.[46]

그러나 출시 후 프리베이직스는 시민단체와 이용자들로부터 지속적으로 비판을 받았습니다. 처음 도입했을 때에는 그 앱 안에 페이스북과 36개의 사이트만 들어 있었습니다. 날씨 사이트 하나에 여성 관련 사이트 3개, 검색 엔진은 마이크로소프트의 빙(Bing)이었습니다. 당연히 페이스북이 그 앱의 관문이지요. 그리고 그 앱 안에 넣는 사이트도 페이스북이 결정했고요. 인터넷이 무엇인지 잘 모르는 사람에게는 페이스북이 정하는 사이트가 곧 인터넷이 되고, 다른 경쟁사 사이트는 원천적으로 배제됩니다. 그러나 이는 곧 모든 콘텐츠가 동등하고 차별 없이 다루어져야 한다는 망중립성(Net

Neutrality) 원칙에 위배될 수 있습니다. 인도인들로부터 디지털 제국주의라는 비판까지 나왔습니다.

2016년 2월, 인도의 통신규제기관은 프리베이직스를 불법이라고 선언했습니다. 2015년 9월, 인도의 모디 총리를 페이스북 본사로 초청하고 환대했지만 소용없었습니다.

인터넷 연결성의 문제는 많은 개발도상국에서 중요한 사회적 문제입니다. 이 문제를 해결하는 것은 당연히 그만큼의 사회적 가치를 창출합니다. 그런데 문제해결만 된다면, 그 해결책을 받아들여야 하는 사람들의 생각이나 의사는 중요하지 않다고 여겨서는 안 됩니다. 해결자가 시혜적인 태도를 보이면서 없는 것보다는 나으니 그냥 받으라고 하는 것은 주는 자의 오만일 수 있습니다. 자신들이 제공하는 것이 아무리 더 나은 세상을 만들어 줄 수 있다고 해도 대상자들의 의사와 무관하게 또는 경제적인 이익만을 지나치게 고려해서는 안 됩니다.

페이스북이 개발도상국 주민들의 인터넷 접속 문제를 해결하기 위해 인터넷 서비스를 무료로 제공한다는 것은 논리적으로 아무런 문제가 없습니다. 그 서비스를 이용하는 사람들은 결국 장기적으로 볼 때 고객이 될 것이고 경제적인 수익도 발생할 것입니다. 그러면 사회적인 문제를 해결하면서 사회적 가치도 추구하고 경제적인 수익도 거둘 수 있습니다.

문제는 그 과정에서 수혜자가 혜택을 본다고 생각하는지, 실제로 혜택을 보고 있는지를 따져야 한다는 것입니다. 기술과 자본을 가

사회적 가치 비즈니스

진 기업은 서비스를 제공하면서 그것을 이용하면 많은 혜택을 얻을 수 있다고 말합니다. 그런데 그 기업이 서비스 안에 들어가는 것을 미리 결정하고, 다른 것은 찾지 말고 그것만 쓰라고 한다면 받는 사람이 순순히 받아들일 수 있을까요? 물론, 공짜로 주는 것만으로도 감지덕지하지 뭘 가리냐고 생각할 수 있습니다. 받는 사람이 왜 자신들을 정해진 틀 안에 묶어 두느냐며 반대할 거라고 생각하지 못할 수 있습니다. 페이스북은 인도에 선물을 주는 것처럼 행동했지만, 인도인들은 그런 선물을 원하지 않았습니다.

마이클 포터 교수의 공유가치창출은 당시 미국 내 글로벌 기업들의 해외, 특히 개발도상국 시장 개척에 훌륭한 논리와 프레임을 제공했습니다. 개발도상국에는 사회문제가 많았고 미국 기업들이 이를 해결해 주면서 시장과 고객을 늘릴 수 있다는 논리입니다. 지극히 선진국인 미국과 미국 기업들을 위한 관점입니다. 문제를 해결할 때 시혜자 입장에서 고객이 되라고 요구하는 것은 수혜자 입장을 고려하지 않은 것입니다. 그리고 그런 시각과 마인드를 가진 기업이나 리더는 아직도 있습니다. 그래서 공유가치창출의 개발도상국 사례가 많지 않습니다. 문제의 해결책은 스스로 찾도록 해야지, 자신들이 내린 해결책을 던져 주면서 도와주었으니 고객이 되라는 일방적인 태도는 바람직하지 않습니다.

인도의 모디 총리는 페이스북 본사를 방문한 후 곧바로 구글을 방문했습니다. 인도 출신 구글 CEO인 순다르 피차이는 인도철도와 제휴하여 가장 복잡한 기차역 100개에 와이파이 핫스팟을 400개 설치하겠다고 발표했습니다. 이는 인도에서 가장 큰 공용 와이파이 프로젝트로, 매일 이 기차역을 지나가는 1000만 명에게 혜택을 주게 된다고 말했습니다.[47] 구글이 접근한 방식은 페이스북이 보여 준 행태와 분명히 다릅니다. 페이스북은 이용자들에게 페이스북과 페이스북이 선택한 서비스만 접근하도록 제한했지만 구글은 개방된 인터넷을 자유롭게 이용할 수 있는 수단을 주었습니다. 인도 출신인 순다르 피차이 CEO는 인도 사람들의 정서와 마인드를 정확히 알고 있었고, 따라서 수혜자의 입장을 고려한 대안을 제시했습니다. 다른 문제를 떠나서 이 사회문제를 해결하는 데 어느 쪽이 찬사를 받았는지는 분명합니다.

기업의 사회적 책임과
공유가치창출의 차이점은 무엇일까?

공유가치창출의 개념은 '기업의 사회적 책임(CSR, Corporate Social Responsibility)'과 연계되며, CSR의 한계를 극복하는 것과 관련이 있습니다. 기업의 사회적 책임은 기업에 영향을 주는 이해관계자들에게 법적·사회적 책임을 다하라는 것을 의미합니다. 이는 규제를 준수하고 사회적으로 용인된 수준에서 기업경영 활동을 하며 이해관계자들에 대한 책임을 다하는 것입니다. 즉, 기업이 사회적으로 책임이 있음을 보여 주는 행위입니다.

사회적 가치 비즈니스

주주 중심 자본주의에서는 최대 이해관계자가 주주이고, 기업들은 주주의 이익 확대를 최우선으로 생각합니다. 사회적 책임이란 경영활동 과정에서 주주를 위한 경제적 이익 창출과는 별도로 기업이 갖는 사회적 책임도 고려해야 한다는 의미입니다.

하지만 경영활동의 목표나 전략, 활동방식이 분명하기 때문에 사회적 책임을 고려한다고 해서 경영활동의 근본적인 변화가 일어나는 것은 아닙니다. 어쨌든 경영활동의 최대 목표는 수익의 극대화입니다. 사회적 책임의 수준은 일반적으로 첫째, 사회에서 요구하고 인정하는 수준의 법적·사회적 규제나 의무를 '준수'한다는 의미입니다. 둘째, 사회적 가치나 미션을 떠나서 성과가 생기면 일정 부분을 사회에 되돌려 주거나 기여하는 행위로, 우리가 익히 알고 있는 기업 임직원들의 기부행위나 자원봉사 활동이 그런 행위의 결과물이라고 할 수 있습니다. 이런 활동은 기업의 미션이나 원칙, 경영활동의 목표와 전략 그리고 과정 자체를 본질적으로 수정하는 것이 아닙니다. CSR는 아직 많은 경우 전략의 한 부분이나 하위 요소로 고려되고 있을 뿐입니다.

CSR와 공유가치창출(CSV)의 개념은 둘 다 사회에 기여하고 사회를 이롭게 합니다. 하지만 분명한 차이가 있습니다. 공유가치창출은 가치를 창출하는 것이지만, CSR는 책임을 지는 것입니다. 물론 공유가치창출이 CSR의 확장된 개념이라는 주장도 있습니다. 그러나 두 개념의 근본적 차이는 분명히 있습니다. 결정적인 차이를 들라면 기업의 경영활동과 어떻게 연계되는가 하는 것입니다. CSR

는 경영활동 과정과 떨어져 있으며, 기업이 시민의식을 갖고 이에 기반하여 사회와 환경에 대한 기준과 규칙을 준수하거나 사회에 기여하는 활동입니다.

반면 공유가치창출은 기업이 수익 극대화를 위해 전략을 수립하면서 '그 전략에 특정 사회적 문제를 선택하고 이를 해결하는 것을 포함시켜서' 경쟁력과 수익을 높일 수 있다는 주장으로, 경영전략의 확장입니다. 즉, 공유가치창출을 지향하는 목적은 근본적으로 기업이 시장에서 경쟁우위를 갖거나 그럴 기회를 확보하기 위해서입니다. 따라서 공유가치를 창출하려면 기업 전체 조직과 전략이 이와 연계되어야 합니다.

공유가치창출을 선호하는 사람들은 CSR와 공유가치창출의 분명한 차이점을 들면서 두 개념이 서로 다르다고 주장합니다. 이에 비해 CSR를 연구하는 사람들은 CSR도 여러 단계의 발전과정을 거쳐 최근에는 공유가치창출과 유사한 개념이라고 하면서 공유가치창출을 CSR 개념이 발전하고 확장된 것이라고 봅니다. 그리고 공유가치창출의 주창자들이 CSR에 대해 제대로 연구하거나 이해하지 못했다고 주장합니다.

두 개념이 유사한지 아닌지에 대한 논란은 학계에서의 대립 이상의 의미가 없다고 봅니다. 두 개념의 출발점과 배경이 근본적으로 다르기 때문입니다. 마이클 포터와 마크 크레이머가 공유가치창출의 개념을 처음 사용한 때에는 기업의 사회에 대한 책임에 주안점을 두고 출발한 것이라기보다는 경쟁이 심화되는 자본주의 기업세계에서 어떻게 하면 경쟁우위를 가질 수 있을지를 고민하다가 전통적인 CSR의 개념이 아닌 공유가치창출이 새로운 경쟁전략이자 시장전략으로 활용될 수 있다고 본 것입니다. 기업이 사회적 문제를 해결하면서 시장과 고객을 확대하는 기회를 찾아 경제적 수익을 늘리면서도 사회적 가치를 만들어 내는 것이 현실적으로 가능하고 또 성공한다면 매우 훌륭한 선택이자 경쟁우위를 확보하는 전략일 것입니다.

공유가치창출을 부정적으로 보는 사람들은 이를 축적된 사례에 기반한 논리적 귀결로 보지 않고 새로운 이론적 추론으로 봅니다. 공유가치창출이 경험적 증거가 충분히 축적되지 않은 설익은 개념이라고 평가하는 것입니다. 실제 공유가치창출을 주장하고 옹호하는 사람들이 제시한 사례가 많지 않습니다. 그럴 수밖에 없는 것이 공유가치창출은 수익의 극대화라는 기업의 목표를 불변의 원칙으로 두고 이를 달성하기 위한 전략을 바꾸는 것이기 때문에, 사회적 문제해결을 통해 경제적 수익이 확장될 것이라는 확신이 없으면 전략을 쉽게 수정할 수 없기 때문입니다. 또한 먼저 문제해결을 통해서 경제적 수익을 높일 수 있는 사회문제를 찾아야 하는 전제조건이 충족되어야 하므로 이런 조건에 맞는 상황을 찾기가 쉽지 않습니다. 또 다른 비판은 경제적 수익과 사회적 가치라는 두 가지 선택지 간의 균형문제입니다. 공유가치를 주창하는 사람들은 기업의 수익 최대화라는 목적은 그대로 둔 채 두 가치의 충돌과 상호 희생 등을 고려하기보다 희망적으로 그리고 이상적으로 양자를 동시에 창출하는 것이 가능하다고 봅니다.

마이클 포터 교수가 CSR의 개념을 제대로 이해했는지는 중요하지 않습니다. 그리고 CSR의 개념 발전이 공유가치창출의 개념을 포함하는 것이므로 굳이 공유가치창출이라는 개념을 쓸 필요가 없다는 논리도 마찬가지입니다. 그것이 CSR에 포함되든 공유가치창출의 개념으로 별개로 두든 상관없이 실제로 중요한 것은 경제적인 가치 이외에 사회적 가치를 창출해 내는가 하는 것입니다.

오히려 공유가치창출의 장애가 되는 것은 기업이 취해야 할 선택지 간의 균형문제입니다. 기업은 비영리단체가 아니므로 수익을 창출하는 것이 목적이고 사회적 문제해결을 통해 사회적 가치를 창출하는 것은 그 목적을 달성하기 위한 노력과 공존해야 합니다. 이상적인 것은 경제적 가치를 창출하면서 동시에 사회적 가치를 창출하는 것입니다. 하지만 두 가치는 서로 보완적일 수도 있지만 상충될 수도 있습니다. 심지어 사회적 가치를 위해 경제적 가치를 일부 희생해야 하는 경우도 발생할 수 있습니다. 공유가치창출을 효율적인 수익 창출 극대화를 위한 경쟁전략의 하나로 본다면 이 문제는 더 명확해집니다.

또한 사회문제를 해결하면서 경제적 가치와 사회적 가치를 동시에 추구할 때 실제 문제해결의 수혜자가 되는 사람들에게 제품이나 서비스를 판매한다면 유의해야 할 일이 있습니다. 그 수혜자의 의사나 의지와 관계없이 순전히 공급자의 시각으로만 문제를 보고 경제적 이익을 지나치게 고려하여 문제해결의 시혜성만 강조한다면 수혜자이자 고객인 사람들의 반발을 초래합니다. 대표적인 사례가 페이스북이 인도에서 새로운 서비스를 출시했다 실패한 사례입니다. CSR도 변화과정을 거쳐 왔지만 상당수의 경우 기업의 평판 관리 차원에서 기업이 공헌하거나 기여하는 데 초점을 두어 왔습니다. 하지만 사회적 가치를 기업경영 활동에 직접 반영하는 형태로 변화를 주는 것은 아니었습니다. 어떤 종류의 사회적 가치든 경영활동 전반에 반영, 내재화한다는 것은 경영철학이나 원칙의 변화이고 전사적인 행위입니다. 하지만 기업의 경영활동 자체가 사회적 책임과 분리된다면 기업이 그 이상의 사회적 존재로서의 의미를 가지기는 어렵습니다. 사회적 시민으로서의 기업, 글로벌 시민으로서의 기업 등 다양한 수사로 포장한다고 해도 기업의 수익 극대화라는 목적은 변하는 것이 아니며 침해당하는 것도 아닙니다.

포터 교수의 공유가치창출은 기존 고객이나 시장 중심의 접근법으로 경영하는 기업들이 사회적 문제와 니즈를 어떻게 보고 시장과 고객을 변화 또는 확장시켜야 하는지에 대한 명확한 가이드와 그 근거가 될 만한 경험적 사례를 충분히 제시하지 못했습니다. 기존 고객과 시장에 매몰된 기업들이 해결해야 할 사회문제를 찾으면서 시장과 고객을 확대하려면 충분한 이유와 동기부여가 있어야 합니다. 특히 수익을 극대화하는 것을 목표로 하는 기업이 다른 접근법을 선택했을 때보다 더 많은 수익을 창출할 수 있다는 것이 검증되지 않는다면 굳이 그걸 선택할 이유가 없습니다. 사회적인 문제나 니즈와 관계없이 특정 고객을 대상으로 하는 일반 기업들이 모두 어떻게 사회적 문제와 니즈에 맞는 고객과 시장을 찾아가야 할지, 반드시 그래야 하는지에 대한 설명이 부족합니다. 개념 정의의 불확실성, 가이드의 부재 등으로 인해 비판을 받고 있고, 사회적 문제와 니즈라는 접근법을 택하지 않고 비즈니스를 해왔던 기업들에게는 실질적인 도움을 주지 못합니다.

✦

미래의 프레임, 반영하는 사회적 가치

사회적 가치를 반영하고
내재화하다

포터 교수가 주장한 공유가치창출은 공유가치를 창출하기 위해 사회적 문제를 전략적으로 선택하고 이를 해결하는 것이 결국 경쟁우위를 갖는다는 것입니다. 그런데 포터 교수의 주장은 경제적 수익을 전제조건으로 추구하면서 사회적 가치도 창출한다는 것이지, 기업경영 활동에 선제적으로 사회적 가치를 반영하고 내재화한다는 개념은 아닙니다. 사회적 문제해결을 위한 예산을 반영하고 CSR 부서가 아니라 관련 부서가 모두 관여하는 것은 CSR보다 앞선 개념이지만, 사회적 문제해결을 통해 만들어 내는 사회적 가치 외에 선제적으로 반영하는 사회적 가치는 없습니다. 사회적 가치를 경영활동에 선제적으로 반영한다는 개념은 공유가치보다 더 앞선 개념이고 공유가치창출과는 출발점도 다릅니다.

반영하는 가치의 예를 들면 인적자원 관리 부문에서는 직장 내 다양성과 평등의 보장, 공정성과 포용성 보장, 노동환경에서의 상호 존중, 공정한 환경과 노동 조건, 직원들의 자기개발·웰빙 증진 등이 있습니다. 조달 부문에서는 사회적 약자를 고용하는 공급업체로부터 자원을 공급받는 포용적 조달, 친환경 원료를 활용하는 친환경 조달 등이 있습니다. 제조 및 생산 단계에서는 공정무역 인증을 받은 공장에 제조를 의뢰하고, 마케팅 및 영업 단계에서는 취약 계층을 고용한 파트너 기업에게 아웃소싱을 하고 광고나 홍보 메시지에 해당 제품과 관련된 사회적 가치를 널리 알리는 것입니다. 반영하는 사회적 가치는 매우 다양하고 경영활동의 모든 단계와 부문에서 쉽게 찾고 선택할 수 있습니다. 물론 기업에서는 사회적 가치를 반영할 때 상정할 수 있는 가치를 모두 반영할 필요는 없습니다. 환경 친화적인 제품을 만들어 보급하는 것이 목적이라면 제품의 원료나 생산공정에서 직접 관련된 사회적 가치를 우선 선정하고 반영하면 됩니다. 반영하는 사회적 가치의 프레임은 사회적 문제해결을 통해 창출하는 공유가치의 프레임보다 더 적극적이고 따라서 가치 선택의 유연성과 해당 가치의 임팩트가 더 큽니다.

반영하는 가치에서 출발하는 사회적 가치와 사회적 문제해결을 통해 창출하는 사회적 가치의 개념에도 차이가 있습니다. 문제해결을 통해 창출하는 가치는 수혜자들에게 주는 편익이나 혜택(benefit)을 의미합니다. 반영하는 사회적 가치는 이해관계자들의 이익(interest)이나 이해관계를 사전에 반영하는 것입니다. 일반적으로 반영하는 가치의 프레임을 통해 이해관계자들의 이익을 반영하면 이는 자동적으로 해당 이해관계자들에게 혜택을 주게 됩니다.

장애인을 고용하는 것은 인적자원 부문에서 장애인의 이익을 반영하는 것이고, 결과적으로 사회를 위해 장애인 고용이라는 혜택을 창출하는 것입니다.

사회적 가치를 내부 경영활동에 반영하면서 동시에 창출하는 것은 공유가치창출과 출발점이 다릅니다. 사회적 가치를 선제적으로 반영한다는 것은 예산에 반영하는 수준을 넘어 경영 원칙과 철학에 본질적인 변화를 주는 것을 의미합니다. 장애인과 여성의 고용을 늘리겠다고 결정하는 것은 전체 경영활동에 큰 변화를 주는 것입니다. 이는 처음부터 수익의 관점에서만 보고 내린 결정이 아닙니다. 오히려 기업이 사회적 목적을 가지고 그 기업의 목적과 관련된 이해관계자들을 배려하면서 내린 결정입니다. 그리고 그 결정이 장기적으로는 사회에 크게 기여하면서도 기업의 성장에 도움이 된다는 것을 압니다.

포터 교수가 말한 수익 확대에 도움이 되는 사회문제를 찾아 해결하면서 경제적인 수익도 늘리고 사회적 가치도 창출하는 것 또한 의미가 있습니다. 그러나 사회적 가치 창출이 더 큰 임팩트를 가지려면 공유가치창출에만 제한하지 말고, 특정한 사회적 가치가 반영되어서 만들어지는 가치를 더 지향해야 합니다. 장애인과 여성을 더 고용하는 것은 사회적 가치의 반영 그 자체이지, 그것이 어떤 경제적 가치와 사회적 가치를 동시에 만들어 낼지 전략적으로 고민하면서 고안해 내는 선택지가 아닙니다.

공유가치창출을 넘어서 이해관계자들을 배려하는 사회적 가치를 반영하려면 기존 경영활동의 프레임을 바꾸어야 합니다. 지금까지 기업들은 주주의 이익을 위해 경제적 이익을 극대화하는 데 매진했고, 사회의 일원으로서 사회에 기여한다는 차원에서 사회공헌 활동이나 일정금액을 기부하는 형태로 기업의 사회적 책임(CSR)을 보여주었습니다. 사회적 책임은 대부분 기업활동의 본질적인 측면을 개선하거나 변경하는 것이 아니라 늘 해오던 기업활동을 통해 수익을 창출한 다음 일정 부분을 사회에 환원하거나 책임을 보인다는 차원에서 표현되었습니다. 즉, 사회공헌 활동이나 기부는 수익 추구를 위한 경영활동과 분리된 선행의 일환입니다. 그 기업활동의 본질은 늘 경영의 효율화란 이름으로 비용을 줄이고 수익을 극대화하는 것입니다.

그런데 주주들의 수익을 최우선시하는 주주 자본주의의 문제가 불거지고, 소비자들의 사회문제와 환경에 대한 인식이 커지면서 기업의 경영활동의 원칙이나 방향에 대해 많은 이해관계자들이 보다 도덕적이고 지속가능한 옵션을 요구하기에 이릅니다. 즉, 기존의 경영활동과 사회적 책임을 분리하던 프레임에 대한 변화의 요구가 강해지기 시작했습니다.

이제 기존의 기업적 사고방식과 행태에 변화가 필요한 시대가 되었습니다. 앞서 제기했듯이 자본주의 첨단국가의 거대기업도 주주자본주의에서 이해관계자 자본주의로 변화하고 있음을 인정하고 있습니다. 소비자들이 기업의 사회적 역할에 대한 요구를 확대하고 있고, 기업이 보다 양심적으로 그리고 경영활동과 관련된 모든 이해관계자를 배려하면서 경영활동을 할 것을 요구하기 시작하면서 주주 이익만 극대화하는 방식으로는 이런 요구를 만족시키기가 어려워졌습니다. 특히 정보통신 서비스의 발전으로 기업활동의 많은 측면이 전방위적으로 노출되는 상황에서 기업들도 주주 이외에 고객을 비롯한 사회적 이해관계자들을 신경 쓰지 않고는 정상적인 경영활동을 수행하기가 점점 더 어려워지기 시작했습니다.

또한 기업의 사회적 책임에 대한 본질적인 변화가 요구되고 있습니다. 기업의 경영활동이 사회적 문제나 이해관계자와 무관하지 않으며, 이를 경영전략과 원칙에 반영해야 한다는 요구가 커지고 있습니다. 이와 함께 기업의 경영활동과 괴리된 사후 조치로써의 사회공헌이나 기부만으로는 부족하다는 인식이 커지고 있습니다. 이제는 경영활동 자체에 사회적인 가치가 반영되어야 합니다. '주주 이외에 고객을 포함한 이해관계자들을 배려'한다는 것이 중요해지고, 기업들도 이에 대한 필요성을 느끼고 있으므로 구체적인 방안을 찾아야 합니다. 그 구체적인 방안이 '반영하는 사회적 가치'입니다. 기업들은 이제 경영 원칙과 전략의 전향적인 변화를 요구받고 있습니다. 그리고 실제로 이런 변화를 적극적으로 수용하는 기업들이 점차 늘어나고 있습니다. 반영하는 사회적 가치에 대해서는 민간 기업을 포함한 사회의 다양한 주체들이 만들 수 있고 영향을 줄 수 있는 여지가 매우 큽니다. 특히 많은 사람들의 일상생활의 모든 면에서 속속들이 영향을 미치고 있는 경우에 더욱 그렇습니다.

반영하는 사회적 가치는 공유가치창출보다 오히려 투자자들의 입장에서 보는 ESG(환경, 사회, 지배구조) 요소와 더 관련이 있습니다. 투자자들이 투자 의사를 결정할 때 과거에는 기업의 재무적 성과만 판단했지만, 점점 더 ESG 등의 비재무적 요소를 평가해서 투자결정에 반영하려고 합니다. 장기적 관점에서 기업의 가치와 지속가능성은 ESG 요소에 영향을 더 많이 받고 있습니다. 투자사나 중개기관들은 기업에 대한 〈ESG 리포트〉를 발간하면서 이 비재무적 요소들이 기업의 존속을 넘어 장기적 성장에 어떤 영향을 미칠지 분석합니다. 여기서 사회적 요소란 기업이 사회에 기여하기 위해 어떤 활동을 했는지 또는 기업경영을 통해 사회에 어떤 혜택을 주었는지를 말합니다. 이는 앞에서 제시했던 경영활동과 분리된 단순한 공헌이나 기부활동보다 앞섭니다.

ESG에서의 사회적 요소는 다양성(diversity), 인권(human rights), 소비자 보호(consumer protection) 등이 포함됩니다. 다양성은 채용 시에 성별과 인종에 관계없이 채용하는 것을 의미합니다. 인재 풀이 넓을수록 최적의 인재를 구할 수 있고 혁신을 만들어 내는 데에도 도움이 됩니다. 투자자들은 포용적 인재 충원이 이루어지는 수준을 보면서 이를 가늠합니다. 인권의 경우 내부적으로는 직원들의 건강과 복지, 외부적으로는 기업의 경영활동이 영향을 미치는 지역 커뮤니티까지 포함합니다. 직원들과 이해관계자들의 인권을 중시하고 존중하는 것은 사업의 지속성과 건전성에 영향을 미칩니다. 투자자 입장에서 보면 기업의 잠재적인 위험이나 신뢰도는 중요한 고려 요소입니다. 소비자 보호는 이런 요소와 직결됩니다.

이런 사회적 요소들은 경영활동의 결과로 나오는 것이 아니라 사전에 반영하는 것으로써 앞서 보았던 공공기관이 지향하는 사회적 가치의 정의에 모두 포함됩니다. 따라서 공유가치창출보다 적극적이고 선제적인 활동을 포함합니다. 재미있는 것은 기업이 ESG 요소에 신경을 쓰면서 필요한 활동들을 반영하는 것은 앞에서 말한 반영하는 사회적 가치와 다를 바 없지만, 자신들의 사업이 건전하고 지속가능하다는 것을 보여 주기 위해, 다시 말해 투자자들에게 잘보이기 위해 하는 활동입니다. 그렇다면 투자자들을 위한 ESG 활동이 이해관계자들을 위한 반영하는 사회적 가치 활동과 같다는 것을 인식하기만 하면 됩니다. 반영하는 사회적 가치는 기업들에게 과도한 요구나 부담을 요구하는 것이 아니라 기업이 당연히 실행하고 보여 주어야 하는 것입니다.

사회적 가치 비즈니스

반영하는 사회적 가치의
혜택이 늘어야 한다

　　　　　　　　　반영하는 사회적 가치에 대해 현재
한국에서 보다 적극적이고 공론화된 논의는 공공 부문에서 일어나
고 있습니다. 한국의 모든 공공기관과 공기업은 사회적 가치를 반
영과 창출 면에서 적용하고 만들어 내도록 요구받고 있습니다. 이
는 연례적인 공공기관·공기업의 경영평가 기준이 변경되어 사회적
가치를 반영하고 창출하는 일이 높게 배점되어 있기 때문입니다.
예를 들어, 기관의 조직운영 과정에서 인권과 평등권 등의 사회적
가치를 반영해야 하며, 고용창출처럼 실제 사회적 가치의 수혜를
받는 사람도 늘어야 합니다.

　공공기관들의 존립 근거 그리고 지향하는 목표와 성과는 공공성
을 갖고 있기 때문에 조직운영활동 자체가 공익적 가치를 만들어 내
므로 고유한 미션에 충실하면 사회적 가치도 만들어 낼 수 있다고
주장합니다. 논리적으로는 맞는 이야기이지만 조직운영 과정의 효
율성을 높여 목표를 달성하기만 하면 공공기관의 원래 목적을 달성
할 수 있다는 이야기와 다를 바 없습니다. 이는 공공성과 사회적 가
치를 분리시켰던 공공기관의 기존 운영 프레임입니다. 또한 특정
공공기관이 지향하는 공공의 이익과 사회적 가치를 동일시하고 분
리하지 못하는 문제가 있습니다. 공공기관의 고유 목적을 넘어 조
직운영 과정에서 다른 사회적 가치를 반영할 만한 여지가 충분히 있
고, 이를 반영하고 내재화하면 고유 목적에 충실해서 창출하는 공

익보다 더 큰 사회적 가치를 만들어 낼 수 있습니다. 예를 들어 자원 관련 공공기관이 자원의 생산, 운송, 적정 분배에 노력하여 공공의 이익을 창출하는 것 외에도 조직운영 과정에서 구성원들의 복지와 양성평등의 사회적 가치를 높인다면 이는 조직의 고유 목적을 이루는 것뿐 아니라 사회적으로도 바람직한 사회적 가치를 함께 높이는 것입니다.

영국은 2013년 〈공공서비스(사회적가치)법〉 시행 이후 많은 지방자치단체들이 공공조달, 특히 계약 과정에서 사회적 가치를 반영하려고 노력하고 있습니다. 지방자치단체들은 입찰업체들에게 해당 사업에 사회적 가치를 어떻게, 어느 정도 수준으로 반영할 것인지를 입찰제안서에 반영하도록 요구하고 있습니다. 따라서 입찰에 참여하는 기업들은 해당 지역의 인력 고용, 지역 공급업체의 활용 등 지역경제 활성화와 관련된 사회적 가치를 입찰제안서에 반영하려고 애씁니다. 실제로 이런 노력들이 지역의 고용을 늘리고 경제를 살리는 데 도움이 되고 있습니다. 물론 이 법이 공공조달에서 실제 실행되는 경우가 높지는 않지만, 적용되는 경우에는 효과를 보고 있습니다.

공공기관은 경영평가 기준에서 사회적 가치의 배점이 대폭 상승하여 조직운영 과정에서 사회적 가치를 반영하고 창출하는 것이 성과와 직결되므로 매우 중요하다고 생각합니다. 경영평가 결과가 공공기관의 재정적 인센티브와 기관장의 입지와 연계되기 때문입니다. 그러나 기업들은 법적인 의무 사항이 아니기 때문에 경영활동

사회적 가치 비즈니스

에서 사회적 가치를 직접 반영할 의무는 없습니다. 기업이 사회적 가치를 반영하는 것은 그것이 필요하거나 도움이 된다고 판단하여 자발적으로 하는 경우입니다.

그러나 기업이 경영활동에 사회적 가치를 반영하려고 해도 특정한 사회적 가치를 어떻게 효과적으로 반영할 것인지, 경영전략과 어떻게 연계시킬지, 또는 그 성과를 어떻게 예측할 수 있을지에 대한 가이드가 없어서 쉽지만은 않습니다. 그러다 보니 반영하는 사회적 가치에 대한 요구와 필요를 인지하고 있다고 해도 정작 기존의 프레임인 공유가치창출로 돌아가서 대응하려 합니다. 다시 이야기하지만 공유가치창출은 반영하는 사회적 가치와 그 목적과 근원이 본질적으로 다릅니다.

분명한 것은 반영하는 사회적 가치가 곧 창출하는 사회적 가치를 의미한다는 점입니다. 따라서 공유가치창출의 프레임으로 보는 것도 의미는 있지만 한계가 분명히 있으므로 보다 포용적인 의미에서의 사회적 가치를 고려한다면, 특히 주주 자본주의에서 이해관계자 자본주의로 변화하고 있는 상황이라면, 반영하는 사회적 가치를 고려하면서 사회적 가치의 창출을 지향하는 것이 맞습니다.

물론 대다수의 일반 기업들은 경영활동에 사회적 가치를 반영하는 데 비용과 자원이 더 필요하다고 인식하고 있고, 실제로 자원 투입 과정에서 추가 부담이 생기는 경우가 많습니다. 따라서 반영하는 가치에 집중하지 못하고 기존의 경영활동 방식을 유지하면서 새로운 시장에서의 문제해결을 통해 사회적 가치를 창출할 수 있는 방법이 없는지에 초점을 둡니다. 그러나 사회적 가치를 반영하려는 노력을 도외시하면서 사회적 가치를 전략적으로 창출하려는 시도는 한계가 있을 수밖에 없습니다.

반영하는 사회적 가치가 경영활동 과정에서 추가적인 자원이나 비용을 수반하더라도 기업의 인지도나 브랜딩과 같은 비재정적 경쟁력 요소에서 상당한 혜택을 볼 수 있고, 경영활동의 다른 측면에서 비용을 줄이거나 차별성을 만들어 내면서 수익 확대에 더 기여할 수 있습니다. 특히 기존 기업들이 반영하는 사회적 가치를 적극적으로 수용하면 그 기업의 브랜드 가치에 미치는 긍정적인 영향이 큽니다. 앞서 아디다스가 팔리라는 단체와 해양 플라스틱으로 신발을 만들어 팔면서 2017년에서 2018년 사이에 브랜드 가치가 약 50퍼센트나 높아진 것이 대표적인 사례입니다. 아직까지 반영하는 사회적 가치가 기업에 어떤 방식으로 영향을 미치고 긍정적으로 작용했는지에 대한 실증적인 연구는 없으나 앞으로 더 많은 사례가 나오면 만들어지리라 기대합니다.

우리가 할 수 있는 일은 우선 사회적 가치를 반영하여 차별화하고 성공을 거둔 기업들의 사례를 발굴하고 만드는 것입니다. 사회적 가치의 반영이 비용이나 자원의 부담으로 어려울 수 있다는 통념과는 달리 사회적 가치를 기업운영 과정에 선제적으로 반영하고도 성공하는 기업들이 부상하고 있고 점점 더 늘어나고 있습니다. 이 책의 후반부에서는 상품의 가치사슬의 적절한 단계에 사회적 가치를 반영하여 성공을 거둔 기업을 살펴볼 것입니다.

사회적 가치를 선제적으로 반영한다고 해서 기업이 비영리단체처럼 활동하라는 것은 아닙니다. 그리고 경제적 수익을 거두는 걸 포기하라는 것도 아닙니다. 기업이 추구하는 목적이 분명하고, 그 목적을 달성하기 위해 적정 단계에 필요한 수준의 사회적 가치를 반영하면 되는 것입니다. 사회적 가치를 반영 단계나 수준에 따라 우열을 두거나 절대적 평가기준을 두는 것은 불가능합니다. 경우에 따라서는 특정 단계에 집중하는 것만으로도 상당한 임팩트를 줄 수 있습니다. 더욱 중요한 것은 사회적 가치를 반영한 기업이 장기적으로는 더 큰 이익을 얻고 있다는 점입니다. 앞서 ESG의 관점에서 우수한 점수를 받은 기업들이 좋은 성과를 거두고 있다고 말했습니다. 2011년, 알렉스 에드먼즈 와튼스쿨 교수가 발표한 논문에 따르면 일하기 좋은 100대 기업이 1984년부터 2009년까지 매년 주식 수익률이 경쟁기업에 비해 2~3퍼센트 높게 나왔고, 애널리스트의 예상을 뛰어넘는 수익을 거두었다고 합니다.[48]

물론 더 야심차고 차별화된 기업들은 원료나 제조공정뿐 아니라 기업경영 활동의 다른 많은 면에서도 사회적 가치를 반영하려고 노력합니다. 뒤에 나오는 파타고니아 같은 기업은 가치사슬의 거의 모든 단계에서 사회적 가치를 반영하려고 합니다. 이런 기업들은 기업의 존재 이유(목적), 미션, 전략에 그들이 지향하는 사회적 가치가 DNA로 각인되어 있습니다. 그리고 그 뿌리가 보여 주는 통합적인 경쟁력은 시장에서 입증되고 있습니다.

앞서 언급했듯이 기존 기업과 달리 사회적 목적을 지향하면서 이와 직결된 사회적 가치를 경영활동에 선제적으로 잘 반영한 기업들이 최근 늘어나는 추세입니다. 이 기업들은 수익을 극대화하는 경영활동으로 수익을 창출한 다음 그중 일부를 사회적 책임의 일환으로 사회에 기부하거나 사회공헌 활동을 하는 것이 아닙니다. 그들은 처음부터 경영활동, 구체적으로는 제품이나 서비스를 만드는 밸류 체인 내에서 사회적 가치를 내재화하는 데 성공했고, 이를 통해 수익을 거두고 있습니다. 이런 활동을 하는 기업을 윤리적 기업(Ethical Company) 또는 양심기업(Conscious Business Enterprise)이라고 규정합니다.

그런데 이 기업들이 반드시 사회적 기업은 아닙니다. 사회적 기업은 기업의 설립부터 사회적 미션을 전제로 만들어진 기업이고 그 미션이 행위와 활동을 규정하며 이를 통해 사회적 가치를 창출합니다. 예를 들어 취약계층을 돌본다는 분명한 미션과 목적이 있는 기업은 사회적 기업입니다. 윤리적 기업 또는 양심기업은 사회적 가치를 중요하게 생각하지만 반드시 사회적 미션으로 규정되는 기업만 있는 것은 아닙니다. 일반 기업이면서도 경영활동의 특정 단계에 사회적 가치를 반영하는 기업을 말합니다. 예를 들어 보디샵(Body Shop)은 친환경을 지향하면서 동물권보호, 인권보호 등의 사회적 가치를 지지하고 반영해 왔지만 사회적 기업은 아닙니다(2019년 9월 B코퍼레이션[49] 인증을 받았습니다).

앞서 지적했지만 일반적인 기업의 경영활동에서 사회적 가치가 배제되거나 고려 대상이 아니었을 때에는 사회적 미션을 가진 사회적 기업이 만들어 내는 가치가 사회적 가치로 인식되기도 했습니다. 그런데 이제는 사회적 기업이 아닌 일반 기업 중에서도 사회적 가치를 기업활동 자체에 내재화하여 시장에 호소하고 이를 차별화하여 수익을 창출하는 기업들이 부상하고 있습니다.

사회적 미션에 초점을 둔 사회적 기업들은 처음부터 사회적 미션에서 출발하여 사회적 가치를 만들어 내는 어려운 일을 훌륭하게 해내고 있습니다. 앞에서 제시했듯이 더 본질적인 사회적 가치는 일반 기업들이 공유가치창출의 프레임으로 만들어 내는 것보다 사회적 기업들이 만들어 온 것입니다. 이들은 미션을 위한 활동 자체가 사회적 가치를 만들어 내기 때문입니다.

물론 사회적 기업도 경영활동 과정에서 사회적 가치를 반영합니다. 예를 들어 경제적 약자를 보호하고 위하는 사회적 미션을 갖고 장애인과 취약계층을 고용하면서 인적자원 운용 단계에 사회적 가치를 반영합니다. 또한 협동조합을 운영하면서 민주적인 의사결정을 내재화하면서 사회적 가치를 반영합니다.

그런데 사회적 기업과 대비하여 일반 기업 중 윤리적 기업이나 양심기업을 구분하는 것은 사회적 미션에 초점을 두느냐(사회적 기업), 반영하는 사회적 가치에 초점을 두느냐(윤리적 기업 또는 양심기업)의 차이에서 기인합니다. 더 자세히 들어가면 사회적 기업은 사회적 미션을 가지고 있고, 윤리적 기업이나 양심기업은 이해관계자들을 배려하는 사회적 가치를 반영하는 것이어서 두 기업의 발생 배경과 맥락이 다릅니다.

그러나 일반 기업, 즉 경제적 수익을 극대화하는 것을 목표로 하는 기업들이 사회적 가치를 경영과정에 반영하면서 다른 경쟁기업들과 차별화하고 사회적 가치를 만들어 내는 사례도 늘어나고 있습니다. 이들은 사회적 기업이 아니지만 사회적 가치를 반영하고 또 창출합니다. 이런 기업 중에는 사회적 목적을 명시하지 않았지만 사회적 가치를 반영하는 기업도 있습니다.

　　사회적 미션을 전적으로 실천하면서 사회적 가치를 만들어 내는 것이 경제적 수익보다 우선인 사회적 기업이 있는 반면, 그런 책무를 부담하지 않고도 경제적 수익을 추구하면서 특정한 사회적 목적을 갖는 일반 기업도 있다는 것은 앞서 제시했고, 또 기업이 그래야 한다는 것이 지금의 시대적인 요구입니다.

　　지금도 일반 기업들이 사회적 문제나 사회적 가치에 대해 관심을 갖고 이를 경영활동에 반영하는 것이 기업경영에 추가 비용으로 작용하거나, 자원과 생산성에 부담을 주어 경쟁에서 불리하게 작용할 수 있다는 인식이 강합니다. 따라서 사회적 가치를 경영활동에 반영한다는 생각에 대해 부정적일 수밖에 없습니다. 예를 들어 사회적 약자를 보호하는 사회적 가치를 반영하여 장애인을 고용할 경우 노동 생산성이 낮아 경쟁력이 떨어진다고 생각합니다. 이런 생각 때문에 기업들은 장애인 고용을 꺼리고, 정부는 사회적 약자 보호를 위해 일정 규모 이상의 기업들은 의무적으로 일정 비율 이상의 장애인을 고용하도록 의무화했습니다. 장애인을 고용하는 기업들은 사회적 약자 보호라는 미션(사회적 약자 보호는 가치이자 미션입니다)을 수행하는 사회적 기업의 역할을 하는 기업이 되었습니다.

그런데 주주뿐 아니라 이해관계자들도 고려해야 한다는 목소리가 커지면서 이와 관련된 다양한 사회적 가치에 대한 주장과 요구가 확산되고 이에 맞춰 이런 가치들을 옹호하고 실천하려는 기업들이 늘어나고 있습니다. 물론 그러면서도 기업의 지속 가능성과 경쟁력을 고민해야 하고 이는 앞으로 계속 시도하고 개선해 나가야 할 일입니다. 이러한 트렌드는 새로운 기업들뿐 아니라 기존 기업들의 경우도 포함합니다.

예를 들어 최근 미국 실리콘밸리에서 IT 기업들에 만연된 여성들의 고용 및 임금에서의 차별문제가 노출되고 논란이 되면서 양성 간 차별 해소의 사회적 가치를 반영하거나 적어도 이를 인식하고 개선하려는 IT 기업이 늘고 있습니다. 인텔은 2015년 당시 CEO였던 브라이언 크르자니크가 2020년까지 3억 달러(약 3500억 원)를 들여 여성과 소수인종 출신 직원의 고용을 늘리겠다고 약속했습니다. 이 3억 달러는 해당 기업에게는 고정비용의 증가를 의미합니다. 인텔은 2018년에 원래 계획보다 목표치에 2년 빨리 도달했다고 발표했습니다. 2018년 인텔의 여성 인력 비율은 27퍼센트까지 올라갔습니다. 물론 남녀 간의 균형 성비에는 못 미치지만 실리콘밸리 IT 기업들의 평균 여성 고용 비율이 10퍼센트대임을 감안하면 매우 높은 비율입니다.[50]

당시 인텔이 비용의 증가에도 불구하고 여성과 소수인종의 고용 확대를 약속한 것은 비용을 상쇄할 만한 혜택이나 도움이 있다고 판단했기 때문입니다. 불행하게도 브라이언 크르자니크 CEO는 여성 인력 고용 목표치를 달성하던 2018년에 여성 부하직원과의 스캔들이 드러나 쫓겨났습니다.

세븐스제너레이션(Seventh Generation)은 친환경 세제와 주방용품, 유아용품, 개인 청결제 등을 만드는 미국에서 가장 큰 기업입니다. 친환경의 사회적 가치를 반영하는 제품을 만드는 기업들은 많지만 제품 자체뿐 아니라 기업의 목적, 리더의 마인드, 운영과정 등 모든 면에서 이를 반영하는 기업은 많지 않습니다. 그러나 세븐스제너레이션은 단순히 환경 친화적인 제품을 만드는 데에만 집중하는 것이 아니라 사업의 모든 영역에서 자신들이 지향하는 사회적 가치에 대해 일관성과 진정성을 가집니다. 그들은 모든 제품뿐 아니라 '모든 의사결정'을 다음 7세대들의 웰빙에 미칠 임팩트를 고려하여 만든다고 약속합니다.[51]

기업의 사회적 가치에 더 매진하기 위해 세븐스제너레이션은 '소셜 미션 위원회(Social Mission Board)'를 만들었습니다. 이 위원회에는 사내외의 리더가 모여 이 기업이 자신들이 지향하는 목적과 사회적 가치를 충족시키기 위해 얼마나 노력하고 있는지를 평가하고 대안을 제시합니다.

대표적인 예가 '사내 탄소세(carbon tax)'입니다. 사내에서 발생시키는 이산화탄소에 대해 톤당 12달러의 탄소세를 부과합니다(이것도 원래는 6달러였다가 소셜 미션 위원회에서 인상을 요구하여 12달러로 올렸습니다). 여기서 모은 사내 세금으로 제조 파트너, 유통 파트너,

시설운영에 필요한 재생연료와 재생전기를 구매합니다. 이런 노력 덕분에 구매부서에서는 탄소세를 줄이기 위해 탄소발자국이 작은 공급업체를 고려하면서 친환경의 사회적 가치가 회사 밖으로도 확산됩니다.

특정한 사회적 가치를 기업경영, 특히 가치사슬에 반영하는 것이 경쟁시장에서 비용문제를 뛰어넘을 정도로 차별성과 경쟁력이 있고, 가치사슬 내에서 비용문제를 충분히 해결할 수 있다고 판단하면서 이를 실천하는 기업들이 늘어나고 있습니다. 가치사슬에서 사회적 가치를 어떻게 반영하는지는 뒤에서 다룹니다.

프레임의 변화

: 반영하는 사회적 가치,
탐스에서 올버즈로

탐스(TOMS)의 몰락,
과거 프레임이 실패하다

　　　　　　　　　　　반영하는 사회적 가치는 기존 경영
활동에 대한 프레임의 변화를 의미합니다. 기존의 전형적인 프레임
은 경영의 효율성을 높이고 비용을 줄이면 수익을 확대할 수 있다는
것입니다. 조직운영과 경영활동에서 효율성과 비용절감에만 매몰되
면 사회적 가치가 들어갈 여지가 없습니다. 기업들은 대부분 지금
까지 상식처럼 그래 왔고, 또 그렇게 하고 있습니다. 그런데 이런
상식을 거스르는 기업들이 등장하고 있고, 또 성공하고 있습니다.

　　탐스(TOMS)는 애초 탐스슈즈라는 이름으로 2006년에 블레이크
마이코스키가 설립한 신발회사로 특별한 사회공헌 활동으로 유명해
졌고, 또 이를 기반으로 성장했습니다. 마이코스키는 2006년 아르
헨티나에서 신발을 기부하는 자원봉사자들을 돕다가 자신이 신발을

만들어 팔면서 신발이 없는 아이들에게 기부하면 좋겠다는 생각을 했습니다. 이때 생각한 신발이 아르헨티나에서 인기 있는 캔버스 슬립온이었습니다. 이 신발을 만들어 북아메리카 시장에서 팔면서 한 켤레가 팔릴 때마다 아르헨티나의 아이에게 신발 한 켤레를 기부했고 나중에는 다른 개발도상국에까지 확대되었습니다. 많은 사람들이 그 대의와 방식에 공감하여 탐스의 신발을 구매했습니다. 그리고 그런 기여방식으로 소비자는 자부심을 느꼈습니다.

　그런데 탐스가 최근 쇠락하고 있다고 알려졌습니다. 좋은 기부를 하고 사람들이 그 의미를 인정해 주는 기업에 무슨 문제가 생긴 것일까요? 문제의 원인은 기업활동의 본질에 있습니다. 사회공헌이나 기부활동과는 별개로 시장에서 판매되는 제품은 제품 자체의 품질과 경쟁력으로 고객을 만족시켜야 합니다. 여기에는 가격, 제품의 다양성, 품질 등 다양한 측면이 반영됩니다. 그러나 제품이 만족스럽지 않다면 그 제품이 표방하는 사회공헌 모델에 공감한다고 해도 고객들이 다시 돌아오지는 않습니다.

　2006년부터 시작한 기업경영에 부담을 느낀 마이코스키는 지분을 팔고 기업운영을 외부에 맡기기로 결정합니다. 2014년에 베인 캐피털 사모펀드는 탐스에 3억 1300만 달러를 투자하고 50퍼센트의 지분을 인수했습니다. 마이코스키는 50퍼센트의 지분을 갖고 있었지만 CEO 자리를 베인 캐피털이 데려온 경영 전문가에게 넘겼습니다. 당시 탐스의 가치는 6억 달러에 달했습니다. 이때만 해도 자본 투입에 힘입어 고속성장할 것이라고 예상했습니다. 그러나 상황은 예상과 달랐습니다. 신발 소매업의 경쟁이 심화되면서 시장 압력이 거세지는데 탐스는 경쟁력 있는 제품을 출시하거나 사업을 다각화하지 못했고, 2018년 부채가 연수익의 15배 가까이 이르러 파산에 가까운 수준이 되었습니다.[52]

탐스는 주력 제품인 54달러짜리 알파르가타(Alpargata) 슬립온 슈즈에 여전히 50퍼센트 이상 의존하고 있고, 안경 등 다른 제품 라인을 출시했지만 매출의 96퍼센트가 신발에서 나왔습니다. 시장에서 경쟁사들은 탐스의 모델을 그대로 따라하거나 유사한 제품을 만들어 냅니다. 스케쳐스는 탐스의 디자인을 본떠 '밥스'라는 브랜드를 출시했고, 탐스의 기부 모델을 그대로 따라했습니다. 그리고 가격은 탐스의 절반밖에 되지 않았습니다. 이후 타깃과 같은 소매점도 동일한 방식으로 따라했습니다. 이제 그 기부 모델은 탐스의 전유물이 아니고, 게다가 경쟁사 제품들의 가격이 더 쌉니다. 탐스의 모델을 지지하던 고객이 어떤 제품을 선택할지는 명백합니다.

탐스의 실패는 우선 경영환경의 변화에 빠르게 대응하지 못하고 제품의 경쟁력과 차별성을 높이지 못한 데 있습니다. 선의의 비즈니스 모델을 갖고 있더라도 제품에 대한 고객의 기대를 지속적으로 충족시키기 위해 품질을 높이고 새로운 모델을 만들어 내야 합니다. 탐스는 그렇게 하지 못했습니다.

두 번째 원인은 탐스가 선의를 베푸는 방식에 있습니다. 신발을 개발도상국에 기부하는 방식으로는 신발이 없는 아이들이 있다는 본질적인 문제를 해결하지 못합니다. 이는 개발도상국에 물품을 기부하는 개발협력 방식에 대한 비판으로 연결됩니다. 자선물품을 보내는 것은 해당 국가의 시장 발전을 왜곡시키고 지원물품에 대한 의존성을 키워 지역경제의 발전을 저해합니다. 신발을 자선물품으로 보내면 해당 지역의 신발산업이 피해를 봅니다. 때문에 요즘은 구호품이나 자선물품을 보내는 개발협력 방식이 크게 줄었습니다. 탐스가 개발도상국을 돕기 위해 무언가를 하고 있지만 그 무언가가 오히려 수혜자들의 발전을 더디게 한다는 비판이 제기되었습니다. 개발도상국의 가난한 아이들은 본 적도 없는 선진국의 신발 구매자로부터 신발을 무료로 받고 감사해야 하는 수동적 존재가 아닙니다. 이들에게 자립심과 생존의 역량을 키워 주려면 신발을 무상으로 주는 것보다 자기 환경을 스스로 헤쳐 나가도록 가르치고 도와주어야 합니다. 만족감을 느끼는 것은 탐스와 그 신발을 사는 고객입니다.[53]

탐스의 기부 방식에 대한 비판이 커지자 2019년부터 탐스는 자사의 웹사이트나 매장에서 신발을 구입하는 고객들에게 기존의 신발 기부 옵션과 함께 여성의 권리, 총기 사용금지 등과 같은 대의를 위해 활동하는 비영리단체에 기부하는 옵션을 선택할 수 있도록 했습니다.[54]

그러나 기부를 통해 사회적 기여를 부각시키는 것은 더 이상 차별화된 셀링 포인트가 아닙니다. 이미 탐스의 경쟁사들이 해온 것처럼 누구나 모방할 수 있습니다. 게다가 이제 그 기부 모델은 식상해졌습니다. 탐스가 좀 더 빨리 제품의 품질과 차별성을 높이고, 더 나아가 기부 모델을 변화시켰더라면 사정이 달라졌을지도 모릅니다. 그러나 너무 늦은 것 같습니다. 이제 경영과 사회적 가치가 결합되는 다른 시대가 왔습니다.

올버즈(All Birds), 사회적 가치를 반영하여 성공하다

현재 신발업계에서 사회적 가치를 인정받는 새로운 방식이 부상하고 있습니다. 최근 미국에서 인기를 누리고 있는 신발 브랜드 올버즈(All Birds)가 있습니다. 올버즈는 친환경적인 신발 브랜드입니다. 이 브랜드의 창업자 팀 브라운은 뉴질랜드 축구팀의 부주장 출신으로, 폴리에스터 같은 화학 소재가 아니라 친환경적인 소재로 만든 신발을 고민하다 자신의 고향에서 뛰노는 양떼를 보고 뉴질랜드의 양털로 신발을 만드는 아이디어를 생각했습니다. 2014년 뉴질랜드양모협회에서 연구 지원금을 받아 양모 신발을 디자인했고 크라우드펀딩 플랫폼인 킥스타터에 올렸습니다. 5일 만에 약 1억 3000만 원의 펀딩을 받았습니다. 이어 2016년 3월에 드디어 양털로 만든 올버즈 브랜드를 론칭했습니다.

팀 브라운은 매우 가벼운 메리노 울로 신발을 만들었습니다. 그는 신발을 만들 때 일부 소재만 친환경 소재를 사용한 것이 아니라 신발 전체를 친환경 소재로 만들고 싶었습니다. 그래서 신발 표면은 뉴질랜드산 메리노 울로, 신발 밑창은 사탕수수로 만들었습니

사회적 가치 비즈니스

다. 이들은 탄소 배출량을 줄인다는 분명한 목적을 갖고 신발을 제작했습니다. 그리고 이런 임팩트를 확산하기 위해 사탕수수 밑창 기술을 오픈 소스로 공개했습니다.[55]

올버즈는 대표적인 친환경주의자 영화배우인 레오나르도 디카프리오에게서 투자를 받으면서 입소문이 나기 시작했습니다. 2019년 1월, 이 브랜드의 가치는 14억 달러(약 1조 6000억 원)로 올랐습니다. 올버즈는 2018년부터 유칼립투스 나무섬유를 원료로 한 신발도 만듭니다.

올버즈가 사업 과정에서 지향하는 사회적 가치와 이를 반영하는 방식은 탐스와 분명히 다릅니다. 올버즈는 탄소배출량을 줄이고 친환경적인 제품을 만들겠다는 분명한 목적을 가지고 이에 맞는 사회적 가치(친환경적 원료의 공급, 공정한 생산)를 생산공정에 반영했습니다. 사회적 가치 측면에서 탐스와 올버즈의 극명한 차이는 올버즈와 달리 탐스는 생산공정에 사회적 가치가 반영되어 있지 않다는 점입니다.

탐스는 기부 모델을 제외하면 기업경영 방식이나 행태가 다른 일반 기업과 다를 것이 없습니다. 즉, 경영을 효율화하여 최대한의 수익을 만들어 내는 것이 목적입니다. 이 방식은 경영활동 과정에서 차별이나 불이익을 받는 이해관계자가 생길 수 있습니다. 기부 모델은 이런 근본적인 문제를 해결하지 못하면서 선의를 보여 주는 것일 뿐입니다.

기업경영의 핵심활동에 사회적 가치가 반영되지 않으면 시혜적

선행을 베풀더라도 선행을 작게 하거나 하지 않는 다른 기업과 본질적으로는 다를 바 없습니다. 시혜와 공헌의 여부나 규모의 차이가 있을 뿐 경제적 수익만 생각하는 노력과 과정이 동일하기 때문입니다.

탐스는 아니지만 경영활동 과정 자체에 사회적 가치가 반영되지 않은 채 무자비한 경영효율화를 통해 수익을 최대로 얻고, 그런 다음 사회적 책임이라는 이름으로 시혜성 기부를 하는 곳도 있습니다. 그리고 비정상적이거나 비윤리적인 경영활동을 수행하고도 사회공헌이나 기부를 통해 이를 은폐하고 기업의 긍정적인 이미지를 만들어 온 보다 극단적인 사례도 있습니다.

탐스를 인수한 곳은 사모펀드입니다. 사모펀드가 수익을 얻는 방식은 기업을 낮은 가격에 인수한 후 가치를 최대한 끌어올려 팔고는 시장에서 나오는 것입니다. 모두가 그런 것은 아니지만 일반적으로는 기업을 장기적으로 보유하면서 성장시키는 것을 목적으로 하지 않습니다. 이 사모펀드는 탐스의 기부 모델이 계속 유효할 것이라 판단하고 제품의 경쟁력과 소비자들의 의식의 변화를 고려하지 않고 주력 품목을 계속 생산해서 파는 것에만 집중했습니다. 그리고 그 결과는 앞에서 이야기한 대로입니다.

CSR에 대해 학문적으로 분류하고 정의하는 것들이 새로운 원칙과 방향을 만들어 낼 수도 있지만, 현실 세계에서는 아직 경영활동과 사회공헌을 분리하여 사업하는 것이 관행이고 일반적인 인식이므로 사회적 책임의 기존 관념과 틀을 깨는 것은 쉬운 일이 아닙니다.

사회적 가치 비즈니스

변화는 내부에서 생겨야 합니다. 기업경영의 원칙과 방식에서부터 제품이나 서비스를 만들어 내는 가치사슬에 이르기까지 사회적 가치를 반영하고 내재화하는 것이 앞으로의 사회적 책임입니다. 그리고 사회적 책임에 대한 프레임은 이미 이런 방향으로 변화하고 있습니다. 기업들이 탐스의 프레임에서 올버즈의 프레임으로 변화하는 것이 일 년에 며칠 짬을 내어 봉사활동을 하거나 수익의 작은 부분을 무작정 기부하는 것보다 더 큰 사회적 가치와 임팩트를 만들어 낼 수 있습니다. 또한 기업들도 이를 통해 더 큰 수익을 얻거나 이익을 얻을 수 있게 되었고, 이를 인식하기 시작했습니다. 물론 사회적 가치를 반영하면서 더 많은 가치와 임팩트를 창출하면서도 경제적 수익을 확장시켜 나가는 것도 가능하고 이를 위한 전략을 다듬고 실천해야 합니다. 지금 생겨나고 있는 사례뿐 아니라 앞으로는 더 많은 성공사례가 나타나서 그 방향과 방법이 옳다는 것이 입증될 것입니다.

5장

사회적 가치의
수용

기존 기업들이
변화하고 있다

　　　　　　　　　　　파타고니아는 원료를 재활용하는
기업으로 유명합니다. 실제 친환경적인 요소는 더 많습니다. 파타
고니아는 모든 제품을 재활용하기 위해 자사의 제품을 오프라인 매
장이나 우편으로 보내라고 권고합니다. 고객들은 자신이 입던 파타
고니아 제품이 소각되거나 땅에 매립되어 환경을 오염시키지 않고
재활용된다는 것에 자부심을 느낍니다. 파타고니아는 폐제품에서
나오는 오리털을 재활용하고 겉면의 재질도 재활용하여 매우 훌륭
한 옷을 만들어 냅니다. 여기서 훌륭한 옷이란 튼튼한 옷을 의미합
니다.

　이들의 철학은 패스트패션의 반대입니다. 즉, 튼튼해서 오래 가
는 옷을 만들고 고객들이 그 옷을 아주 오랫동안 입도록 하자는 것

입니다. 비즈니스 제품 사이클의 일반적인 통념과는 다른 콘셉트입니다. 패스트패션의 특징은 인지도가 높은 브랜드 제품을 입고 일정 시간이 지나면 새 제품을 구매하도록 하여 빠른 제품 사이클을 유지하면서 고객들의 지갑을 열도록 하는 것입니다. 그런데 파타고니아는 자신들의 제품을 사면 오래 입으라고 강조합니다. 재구매를 통한 수익 창출 방식이 아닙니다. 이들은 심지어 자사 제품의 중고품을 파는 온라인 사이트도 개설했습니다. 어쨌든 오래 입으라는 것입니다. 그런데도 파타고니아의 수익은 줄어들지 않았습니다. 상대적으로 파타고니아의 제품은 고가이고 따라서 대상 고객은 제한적입니다. 이런 고객 대상을 횡적으로 확장하여 패스트패션에 익숙해진 고객들을 유치하면 비즈니스의 지속 성장도 가능하고 소비 방식의 변화를 통해 친환경적인 소비도 유도할 수 있습니다.

파타고니아는 원료 조달뿐 아니라 제품제조 과정에서도 공정무역 인증을 받은 공장에서 제품을 생산합니다. 그리고 경영활동의 다른 과정에서도 친환경적 방식을 채택합니다. 그리고 본사 건물을 친환경적으로 짓고 대체 에너지를 사용합니다.

친환경적인 움직임이 패션산업에 확산되면서 기존 패션 브랜드들은 비윤리적인 기업으로 내몰릴 위험에 처했음을 인지했습니다. 특히 밀레니얼·Z 세대를 중심으로 패스트패션에 대한 비판의식이 커지면서 규모의 경제와 짧은 공급 사이클을 통해 수익을 유지해 오던 기업도 위기의식을 느끼고 변화를 추진하게 됩니다.

패스트패션의 대명사인 자라(Zara)는 2016년부터 친환경적인 에

코 에디션을 만들고 있습니다. 패스트패션의 본질은 바꾸지 않으면서 생색만 낸다는 비판이 많지만 어쨌든 그 비난을 희석시키기 위해 어떤 조치라도 취해야 하는 상황입니다. H&M은 개발도상국에서 자사의 제품을 만드는 공장의 상황을 공개했습니다. 방글라데시처럼 노동력에 의존하는 나라에 있는 공장에 공정한 노동환경을 제공하지 못한다면 철수하겠다고 경고하기도 했습니다. 막스앤스펜서와 ASOS도 제조공정과 관련된 정보를 홈페이지에 공개했는데, ASOS는 특히 자신들이 위탁하는 공장과 그 공장에서의 성비를 나타내는 정보도 지도에 공개합니다.[56]

그러나 패션산업에서의 환경문제와 사회적 가치 문제는 늘 구매력과 소비계층의 문제와 결부되어 있습니다. 친환경적인 제품은 일반 화학원료로 생산된 제품에 비해 가격이 비쌉니다. 제한된 예산을 가진 사람이 자신과 가족들이 필요로 하는 옷을 잘 산다는 것은 곧 적정 수준의 옷을 저가에 구매하면 합리적인 소비가 되는 것으로 인식하고 있습니다. 그러나 이런 의미에서의 합리적인 가격은 지구 다른 편에서의 착취를 의미합니다. 소비자들이 빠지는 이런 딜레마를 해결하는 것도 문제입니다.

기존 기업들이 친환경적인 컬렉션을 만들면서 사회적 가치를 높이는 데 기여하려는 노력을 부인할 필요는 없습니다. 오히려 더 고무하고 더 많은 제품을 생산하도록 독려하는 것이 맞습니다. 그런데 문제는 기존 기업의 영향력 때문에 다른 착한 기업이 영향을 받을 수 있다는 점입니다.

기존 기업들은 자본과 브랜드 자산의 힘으로 자신들이 창출하는 사회적 가치를 유연하게 확장할 수 있고, 또 이를 최대한 활용할 수 있습니다. 그런데 이들은 모든 제품 생산 라인을 착한 제품에 동원하지 않습니다. 기존 제품의 생산 방식은 그대로 유지하면서 일부 제품만 착한 생산공정을 통해 만들어 내는 것입니다. 착한 생산공정을 통해 만들어진 착한 제품이 기존 제품에 대한 이미지까지 더 좋게 만듭니다. 이것 자체를 나쁘게 볼 필요는 없습니다. 그런데 문제는 시장입니다. 기존 기업이 친환경적이거나 사회적 가치를 고려하는 비즈니스 행태를 보이거나 이와 연계된 제품이나 서비스를 만들어 내는 것은 이러한 환경 변화 때문입니다. 기업은 밀레니얼·Z세대가 주요 고객이 될 것이고 이들이 생각하는 방식, 이들이 영향을 주고받는 방식과 그 임팩트를 고려하는 것이 당연합니다.

그러면 앞으로 사회적 가치 비즈니스는 어떻게 만들어지고 어떻게 만들어 가야 할까요? 사회적 가치를 품은 기업이 앞으로 더 많이 나타날 것입니다. 앞서 제시한 대로 환경과 고용 등 사회적 책임을 요구하는 목소리가 더 강해지고, 정부의 정책도 그런 방향으로 바뀐다면 그러한 변화를 새로운 기회의 창출로 생각하고 이에 맞춰 사업을 시작할 수 있습니다.

새로운 사회적 가치
기업이 부상하다

　　　　　　　　마이클 포터 교수가 처음 공유가치
창출을 이야기했을 때 현실적인 적용에 대한 부정적인 반론이 많았
습니다. 그때만 해도 기업은 수익 창출이 최대의 목적이고 기존의
원칙과 방식으로 사회적 가치까지 만들어 낸다는 것은 매우 어렵다
고 보았기 때문입니다.

　마이클 포터 교수가 공유가치창출을 이야기한 지 9년이 흘렀고
나름대로 학계와 기업들에게 의미와 존재감을 보여 주었지만 그렇
다고 큰 흐름을 만들지는 못했습니다. 공유가치창출은 경영활동 과
정에 사회적 가치를 반영하려는 노력보다 기존의 경영활동 방식은
그대로 둔 채 사회적 가치를 창출해 내자는 것입니다. 경제적 수익
과 사회적 가치를 동시에 창출하는 데 유리한 사업이 있고, 여기에
더 적합한 모델이긴 하지만, 모든 사업에 적용하기는 어렵습니다.
공유가치창출의 사례가 아직 많지 않고, 나와도 개발도상국에서 주
로 나왔던 이유는 바로 경제적 수익을 창출하는 시장을 넓히면서 그
지역의 사회적 가치를 높이는 데에는 개발도상국이 유리하기 때문
입니다. 현재까지도 기존 기업들은 여전히 수익 창출의 전략과 방
법에 집중하고 창출하는 사회적 가치는 부수적이거나 희망사항일
뿐입니다. 경영활동의 본질이 변하지 않았기 때문입니다.

　그런데 최근 다른 곳에서 변화의 움직임이 보이고 있습니다. 기존
기업과는 전혀 다른 방식으로 움직이는 기업이 등장하기 시작했습

니다. 사회적 가치를 원칙적인 명제로 생각하고 이를 기업경영 활동 과정에 반영하고 내재화한 기업이 생기기 시작했습니다. 직원들의 복지 수준과 자존감을 높여 주고, 친환경적인 원료를 사용하고, 공정한 생산 과정을 거치는 등 다양한 형태와 의미의 사회적 가치가 경영활동의 곳곳에 반영되고 뿌리를 내리고 있습니다.

패션산업에서 착한 기업(ethical company)의 부상은 매우 인상적이며 또 빠르게 성장합니다. 특히 젊은 창업자들이 만들어 내는 새로운 브랜드와 제품은 기존의 패션 브랜드와 차별성이 있습니다. 이들은 기업 비즈니스의 가치사슬(value chain)의 적정 단계에 사회적 가치를 부여함으로써 차별화합니다. 가장 대표적으로 사회적 가치가 부여되는 단계는 원료 조달 단계입니다. 현재 미국에서 가장 핫한 패션 기업 중 하나인 올버즈는 친환경적인 원료를 사용한 신발을 만듭니다.

올버즈는 훌륭한 원료로 친환경 신발을 만들고 디자인도 우수하기 때문에 인기를 끌 수밖에 없습니다. 특히 밀레니얼 세대가 이 제품에 갖는 공감대는 다른 기존 제품들과 차원이 다릅니다.

올버즈가 인기를 끌면서 버락 오바마 전 대통령 등 유명인사들도 이 제품의 인플루언서가 되었고, 전기차를 몰면서 친환경주의자로 알려진 레오나르도 디카프리오는 이 기업에 직접 투자했습니다. 할리우드의 산모들은 올버즈를 즐겨 신습니다. 실리콘밸리에도 올버즈의 광풍이 몰아쳤습니다. 2017년부터 편한 신발을 신는 것이 유행이었고, 회사 측에 따르면 구글의 창업자 중 한 사람인 래리 페이지도 올버즈를 신습니다. 그리고 트위터의 전 CEO 딕 코스톨로, 거물 투자자인 벤 호로위츠 등도 올버즈를 신습니다.[57]

사회적 가치가 들어간 제품으로 성공한 기업이 올버즈만 있는 것은 아닙니다. 수영복 브랜드도 있습니다. 여러분들이 생각하는 여성 수영복 모델은 어떤 모습입니까? 아마 대다수의 사람들이 생각하는 모델의 고정관념과 비슷할 것입니다. 글로벌 브랜드라면 백인, 여성, 날씬한 몸매 등이 먼저 떠오를 것입니다. 그런데 이런 고정관념을 깬 파격적인 모델이 등장했습니다. 이 수영복 브랜드는 여러 모델의 사진을 찍은 후 수영복을 홍보했는데, 특이한 것은 모델들이 특징이 있다는 점입니다. 우선 모델이 전부 백인이 아닙니다. 인종을 기준으로 보면 백인, 흑인, 아시아계, 라틴계 등 다양합니다. 그리고 고정관념을 깬 대표적인 특징이 모델들이 모두 날씬하지 않다는 것입니다. 모델들의 체형과 체구도 다양합니다. 플러스 사이즈 모델도 있습니다. 게다가 흑인 장애인 모델도 있었습니다. 여러분들이 이 홍보 사진을 보면 처음에는 수영복 브랜드를 홍보하는 사진인지 의식하지 못할 수도 있습니다. 시간이 좀 지나면 왜 지금까지 수영복 모델들은 모두 같은 부류의 모델이었는지, 왜 그런 고정관념을 갖고 있었는지 되새기게 됩니다. 이 수영복 브랜드는 크로매트(Chromat)입니다.

크로매트가 지향하는 사회적 가치는 분명합니다. 인간에 대한 존중입니다. 특정한 수영복을 입으면 고정관념 속의 모델처럼 되거나 보일 수 있다는 환상을 갖게 만들어서 상품을 판매하는 기존 방식에 대한 도전입니다. 이런 고정관념은 오히려 그런 모델처럼 보일 수 없다고 자괴하는 사람들에게 고통스러운 일이 될 수 있습니다. 이 수영복은 자신을 있는 그대로 인정하면 된다고 알려 줍니다. 그리고 어떤 인종도, 어떤 체형이나 체구도 수영복 모델의 전형처럼 보여서는 안 되며, 모든 인종, 체형, 체구에 상관없이 가치를 인정받을 수 있고 대우받아야 한다고 알려 줍니다. 크로매트는 기성의 통념을 비틀고 이에 도전하면서 평등주의적 사고와 가치를 옹호하고 있습니다.

크로매트의 파격과 도전은 이 기업의 성장에도 기여했습니다. 모델과 같은 체형이 아니라서 수영복을 입기 꺼려하거나, 입더라도 위축되던 사람들이 이제 당당하게 수영복, 즉 크로매트 수영복을 입습니다. 왜냐하면 크로매트는 이제 자신과 같은 평범한 사람이 떳떳하고 당당하게 입을 수 있는 수영복으로 인식되고 있기 때문입니다. 크로매트의 선구자적 역할은 참 아릅답습니다. 이들이 바꾼 수영복에 대한 인식은 다른 기업에게도 영향을 미쳤습니다. 최근 대표적인 헬스웨어 브랜드의 매장 내 수영복 마네킹에 변화가 생겼습니다. 처음으로 플러스 사이즈의 마네킹이 등장한 것입니다. 그 브랜드는 나이키입니다.

크로매트는 또한 제품의 원료와 생산 공정에서도 사회적 가치를 반영합니다. 크로매트의 수영복 중 일부는 폐그물로 만듭니다. 그리고 유럽연합과 미국의 공정임금 공장에서 제품을 만들고 있습니다.

크로매트는 2019년 9월에 중요한 결정을 내렸습니다. 모든 체형을 당당하게 만든다는 크로매트 제품의 포용적 디자인 철학과 제품 라인을 좋아하는 사람들이 늘어나고 있지만 상당수의 사람들은 가격이 너무 비싸서 구매하지 못한다는 의견이 많았습니다. 그 이유는 유통 구조에 있었습니다. 크로매트는 2010년에 설립한 이후 10여 년 동안 줄곧 노드스톰과 같은 소매점에 유통을 맡겼습니다. 소매점의 마진까지 더하니 가격이 비쌀 수밖에 없었습니다. 그래서 2019년 9월부터 크로매트는 소매 유통을 없애고 자사 홈페이지에서 소비자들에게 제품을 직접 판매하기로 했습니다. 다른 사회적 가치 기업처럼 사회적 가치를 반영하면 가격 상승이 불가피한데 가치사슬에서 외부 유통 단계를 줄여 가격을 내렸습니다.

앞서 지적했듯이 패션산업은 환경오염에 큰 영향을 미치는 산업입니다. 제품을 생산하는 공장의 환경과 노동자들의 인권도 문제가 많습니다. 그런데도 패션 기업들은 제품을 생산하는 공장의 환경이 어떤지, 공장 노동자들의 인권은 어떤 상황인지, 제조공정에서 환경에 어떤 영향을 미치는지는 잘 공개하지 않습니다. 패션 기업들이 스스로 투명성을 높인다면 이런 문제에 대한 자각과 의식이 높아질 것입니다. 투명성은 제품생산에만 국한되지 않습니다. 고객의 입장에서 자신들이 입는 옷의 가격이 어떻게 매겨지는지 궁금할 때가 있습니다. 원료 가격은 얼마 하지 않을 것 같은데 광고와 마케팅 비용이 많이 반영된 것 같기도 합니다. 패션산업의 고질적인 습관인 비밀주의와 소비자들이 갖는 궁금증을 풀어 주면서 인기를 끄는 브랜드가 있습니다. 바로 에버레인입니다.

에버레인은 2010년 마이클 프레이스먼이 만든 의류소매 기업으로 극단적인 투명경영을 하는 윤리적 기업으로 유명합니다. 에버레인은 원료, 운송비를 포함한 의류 제조 단계의 모든 원가뿐 아니라 제품이 만들어지는 공장과 노동자들이 일하는 모습까지 투명하게 공개합니다. 밀레니얼 세대들은 에버레인의 극단적인 투명성에 이끌려 팬이 되었고 덕분에 현재까지 급속도로 성장하고 있습니다.[58]

에버레인은 차별화가 키워드입니다. 신생 브랜드로써 기존 소매 의류 시장의 관행과 방식을 거부하고 자신들만의 방식으로 차별성을 만들어 왔습니다. 그 차별성은 탁월한 품질, 윤리적 공정, 극단적인 투명성입니다. 창업자이자 CEO인 마이클은 컴퓨터 엔지니어링과 경제학을 전공하고 사모펀드 회사에서 소매산업을 담당하면서 패션산업의 관행과 문제점을 보고 이를 개선하고 수익을 거둘 수 있으리라 판단했습니다.

에버레인을 처음 세상에 알린 제품은 티셔츠입니다. 이 티셔츠는 품질이 우수하고 윤리적 공장에서 생산되었습니다. 그러면서도 가격은 15달러로 비싸지 않았습니다. 외부 유통망을 쓰지 않고 자사의 온라인 스토어에서만 판매했습니다. 소셜 미디어를 통해 에버레인의 철학과 차별성을 알리자 기존 패스트패션 소매업체의 대량생산 제품에 식상해진 젊은 고객들이 몰려들었습니다.

에버레인은 제품의 원료비와 제작비용을 투명하게 공개하고, 이윤을 많이 붙이지 않고 가격을 낮춰 고객들에게 신뢰를 얻었습니다. 그리고 그 과정을 고객들에게 알려 주었습니다. 다른 소매 브랜드들이 소매점 유통과 마케팅에 많은 비용을 쓰면서 높은 가격을 매기는 관행과 대비되면서 진실성이 느껴졌습니다.

대부분의 소매 브랜드들은 시즌별로 컬렉션을 대량으로 론칭합니다. 그러나 에버레인은 제품을 기준으로 봅니다. 그래서 소프트웨어를 업그레이드하듯이 제품별로 업그레이드된 '버전'이 나옵니다. 그리고 그 제품마다 제작과 업그레이드 배경에 대한 스토리를 담습니다. 소비자들은 그 스토리를 듣고 제품을 삽니다.

에버레인은 2018년에 폐플라스틱병 300만 개를 재료로 하여 만든 의류 브랜드를 론칭했고, 2021년까지 자신들이 생산하는 모든 제품과 포장에 새 플라스틱(virgin plastic)을 사용하지 않겠다고 선언했습니다. 그리고 사무실과 원료 공급망에서도 일회용 플라스틱을 없애는 프로젝트를 시작했습니다. 이 캠페인을 하면서 에버레인은 자사의 고객들에게도 일상에서 플라스틱을 사용하지 말라고 권합니다. 그리고 매장과 온라인 동영상을 통해 친환경적으로 생활할 것을 권장합니다.

에버레인은 사회적 가치에 대한 창업자의 확고한 의지와 철학이 반영되면서 일관성 있는 제품과 스토리를 만들어 내고, 이것이 소비자들에게 긍정적인 영향을 미치고 있습니다. CEO인 마이클은 데님 제품을 만들려고 몇 년간 기획했다가 자신들의 엄격한 기준에 맞는 공장을 찾지 못했습니다. 2017년에 마침내 베트남에서 적합한 공장을 찾았는데, 이 공장은 사용하는 물의 98퍼센트를 재활용하고 사용한 화학제는 서민용 주택의 건설용 벽돌로 전환합니다.

사회적 가치 비즈니스

제이크루, 아베크롬비, 갭 등 유명한 기존 패션 브랜드가 침체를 겪고 있지만 에버레인은 급성장하고 있습니다. 밀레니얼·Z 세대가 이들의 성장을 이끌고 있기 때문입니다. 에버레인은 영국 해리 왕자의 왕자비인 메건 마클이 애용하는 브랜드입니다.

친환경이라는 가치는 단순히 친환경적인 원료를 사용하거나 제조공정을 환경 친화적으로 만드는 것뿐 아니라 버려지는 폐기물을 자원으로 활용하는 것도 포함됩니다. 더구나 가치라고는 전혀 없이 오히려 버려야 할 짐이 되는 폐기물을 자원으로 재활용할 뿐 아니라, 기존의 문제가 되는 소재를 대체하는 것이라면 그 사회적 가치와 임팩트는 매우 높습니다.

해마다 전 세계에서 생산되는 와인은 260억 리터이고, 여기에서 나오는 폐기물은 무려 700만 톤이나 됩니다. 이 폐기물은 포도씨, 줄기, 껍질 등입니다. 그런데 이 폐기물을 모아 매우 훌륭한 패션 소재로 만드는 기업이 있습니다. 그리고 이 소재는 기존 원료를 대체할 수 있습니다. 베제아(Vegea)는 와인 생산 과정에서 나오는 폐기물을 모아 가죽을 만듭니다. 실험 결과 와인 찌꺼기가 가죽과 매우 유사한 직물을 만드는 데 이상적이라는 사실이 밝혀졌습니다.

10리터의 와인을 만드는 과정에서 발생하는 폐기물(껍질, 씨 등)은 2.5킬로그램입니다. 이만큼의 폐기물로 1제곱미터의 와인 가죽을 만들 수 있습니다. 그리고 폐기물은 100퍼센트 활용이 가능합니다. 만약 전 세계 와인 폐기물로 와인 가죽을 만든다면 26억 제곱미터의 와인 가죽을 만들 수 있습니다.[59]

기존의 가죽은 다양한 종류의 동물에게서 얻었습니다. 소와 같은 가축으로부터 얻은 가죽은 육류산업의 부산물로, 수익 확대를 위해 공장형 목축을 부추기기도 합니다. 뱀이나 악어 가죽은 식용이 아니므로 오로지 가죽을 얻기 위해 사육하고 죽입니다. 가죽을 무두질하는 과정에서는 화학용제를 사용하고 엄청난 양의 물을 사용합니다. 특히 무두질 과정은 개발도상국의 낙후된 공장에서 안전에 대한 고려 없이 진행되는 경우가 많아 노동자들에게도 해를 끼칩니다.

이에 반해 와인 가죽은 100퍼센트 비동물 가죽으로, 어떤 동물도 제작 과정에서 해를 입지 않습니다. 그리고 제작 과정에서 어떤 독성용제나 위험물질도 쓰지 않으며 물도 전혀 쓰지 않습니다. 따라서 환경에 미치는 영향이 적고, 공해물질도 배출하지 않습니다. 뿐만 아니라 표면이 매우 부드럽고 매끄러우며 품질이 우수하여 동물 가죽을 쓰지 않아도 높은 품질의 동일한 제품을 만들 수 있습니다. 그리고 재활용이 가능하고 생산 가격도 낮습니다. 오래된 와인 가죽은 딜러나 재활용업체에 보내면 다시 와인 가죽으로 만들 수 있습니다. 베제아는 이 순환 과정을 촉진하기 위해 재활용을 위해 제품을 보내면 쿠폰을 주고 있습니다.[60]

아직 대규모로 산업화할 수준은 아니지만 와인 가죽의 특징과 탁월한 사회적 가치 때문에 패션 기업 등 관련 업종의 글로벌 기업들이 주목하여 제품을 테스트하고 있습니다. 글로벌 패션 기업인 H&M은 패션산업의 변화를 위해 2030년까지 100퍼센트 지속가능한 재료만 쓰겠다고 선언했습니다. 와인 가죽은 그 약속을 지키고 목표를 달성하는 데 매우 적합한 소재가 되고 있습니다. H&M 이외에 고급 승용차 벤틀리도 2019년 7월에 창립 100주년을 기념하면서 만든 신차의 인테리어에 베제아의 와인 가죽을 적용했습니다.

베제아는 건축가인 장 피에르 테시토어가 2018년 이탈리아 밀라노에서 만든 스타트업으로, 유럽연합에서 가장 큰 연구 및 혁신 프로그램인 호리즌(Horizon) 2020 펀드를 받았습니다. 유럽의회는 또한 베제아를 새천년(밀레니엄)의 가장 우수한 스타트업으로 선정했습니다.[61]

베제아는 현재 제품의 성능을 개선하기 위해 연구개발에 집중하고 있고, 패션산업뿐 아니라 가구나 자동차산업에서도 쓰일 수 있도록 할 예정입니다.

6장

사회적 가치와
가치사슬 혁신

가치사슬과
사회적 가치란

　　　　　　2019년 9월 마지막 주 사회적 가치 아카데미의 주제를 '사회적 가치와 가치사슬 혁신'으로 정했습니다. 2월부터 진행된 아카데미에서 가치사슬을 늘 강조했었는데 사회적 가치 비즈니스를 본격적으로 가치사슬에서 어떻게 반영하고 만들어 나갈지 그 전략과 방법을 이야기할 기회를 가졌습니다.

　가치사슬(value chain)은 공유가치창출을 주창한 하버드 경영대학원의 마이클 포터 교수가 1985년에 제품이나 서비스를 생산하면서 부가가치를 높이는 과정을 보여 주기 위해 만든 분석틀입니다. 제품이나 서비스는 원료나 자원의 조달에서부터 제조 및 생산, 유통, 마케팅, 판매 과정을 거쳐 최종 소비자에게 전달됩니다. 각각의 단계를 거치면서 해당 제품이나 서비스의 부가가치가 높아지고 최종 단계에서 마진을 포함한 가격이 결정됩니다.

마이클 포터 교수의 전공은 경쟁전략입니다. 포터 교수가 가치사슬 분석틀을 만든 것도 기업들이 시장에서 어떻게 경쟁력을 가지는가를 분석하는 데 도움을 주기 위해서였습니다. 포터 교수가 보는 경쟁력의 두 가지 큰 축은 차별화와 비용절감입니다. 가치사슬 분석은 곧 제품이나 서비스가 만들어지는 각각의 단계를 보면서 차별화나 비용절감을 어느 단계에서 이룰 수 있는지를 분석하는 것입니다.

차별화와 비용절감은 상품의 전략과 포지셔닝에 연계됩니다. 만약 기업이 자기 상품의 가치를 높여 다른 상품과 차별화되길 원한다면 경쟁사 제품에 비해 그 상품의 부가가치를 어떻게 높일지를 고민하고 이를 가치사슬의 적정 단계에 반영해야 합니다. 만약 그 상품의 부가가치가 경쟁사 제품에 비해 큰 차이가 없다면 경쟁력을 갖추는 방법은 가격을 내리는 것밖에 없습니다. 이는 곧 비용절감으로 연결되고, 해당 기업은 가치사슬의 어느 단계에서 가격을 낮출 수 있는지를 분석해야 합니다. 가치사슬은 시장에서 경쟁우위를 만들기 위해 쓰이고, 해당 기업의 시장전략과 포지셔닝의 토대가 됩니다.

포터 교수가 1985년에 가치사슬을 발표한 이후 산업구조와 환경 그리고 산업의 속성이 많이 변했고 그에 따라 가치사슬 모델 또한 개선 또는 변해 왔습니다. 특히 1980년대 주류 산업인 제조업을 고려하여 만들어진 가치사슬은 이후 서비스산업이 발전하면서 기존 제조업 기반의 가치사슬을 변형하거나 서비스산업에 맞는 가치사슬이 별도로 나오게 됩니다. 제품의 경우에도 실제 제조 및 생산 활동

외에 주문 및 결제, 마케팅, 영업, 유지·보수 등에서 서비스 요소가 많이 생겼고, 서비스 중에도 제품처럼 표준화되어 만들어지고 판매되는 것들이 있습니다. 제품 또는 서비스 여부와 관계없이 가치사슬에서는 본질적으로 상품이 만들어지는 흐름(flow)이 있고, 그 과정에서 부가가치가 만들어진다는 원리는 변함이 없습니다. 따라서 가치사슬의 단계, 활동의 정의나 개념을 유연하게 적용하면서 개별 업종에 맞는 가치사슬을 선택하거나 만들어 활용하면 됩니다.

포터 교수는 제품 생산 단계별 활동을 주활동(primary activity)과 지원활동(support activity)으로 나누었습니다. 주활동에는 내부 유통, 제조 및 생산, 외부 유통, 마케팅, 세일즈, 사후 서비스 등이 있습니다. 지원활동에는 인프라스트럭처, 인적자원 관리, 기술, 조달 등이 있습니다. 주활동은 원료를 가지고 제품을 생산하여 판매하는 모든 과정이 포함됩니다. 포터 교수는 조달활동을 원료의 조달로 여겨 지원활동에 포함시켰습니다. 그런데 현대적 의미의 조달은 디자인이나 개발 등의 서비스 아웃소싱까지 포함하며, 이들은 제조 및 생산 과정과 근접하게 연결되어 있으므로 주활동에 포함될 수 있습니다. 또한 제조 과정에서 적시 생산 방식(Just In Time)의 경우 부품 조달이 전체 생산 과정에서 중요한 역할을 차지하는 경우가 많아 주활동에 포함하여 보는 것이 효과적입니다.[62]

가치사슬의 효용성은 큽니다. 그리고 기업의 성격이나 종류와 관계없이 적용됩니다. 가치사슬은 우선 각 단계의 활동에 어떤 자원을 어느 정도 투입할지를 고려하여 기업 내부 자원의 강점과 약점을 파악하는 데 도움이 됩니다. 그리고 포터 교수가 처음 가치사슬을 만들 때 사회적 가치를 반영하는 용도까지 생각한 것은 아니지만, 기업이 특정한 사회적 가치를 지향하고 이를 경영활동에 반영하고자 할 때 적정한 단계와 활동을 탐색하는 데에는 유효합니다.

신발 제조회사가 친환경적 신발을 만들어 팔고 싶으면 가장 먼저 생각할 수 있는 단계는 조달 단계입니다. 친환경적인 원료를 구매해서 신발을 만들 수 있습니다. 실제로 최근 친환경적인 신발을 만드는 회사들이 늘어나고 있고 이들은 신발 제작의 첫 단추인 조달 단계에서 환경 친화라는 사회적 가치를 반영하고 있습니다.

신발 제작공정에서 사회적 가치를 반영할 수 있는 또 다른 단계는 제조 및 생산 단계입니다. 올버즈를 비롯한 많은 친환경 제품은 공정무역 인증을 받은 공장에서 생산됩니다. 공정무역 인증 공장은 노동자를 최우선에 놓습니다. 노동자들에게 해당 지역의 생활임금보다 더 높은 임금을 지불하고 기본적인 인권을 보장하기 위해 노력합니다. 공정무역 인증을 받은 공장은 노동자들을 위한 쾌적한 노동환경을 보장하고, 노동시간을 준수하며 아동노동을 금지하는 등, 일부 개발도상국 제조공장들의 불법적이고 유해한 노동 환경과 관행을 벗어나 인간과 자연의 가치를 존중하면서 공장을 운영합니다. 제품의 제조 및 생산 단계에서 인간존중, 친환경의 사회적 가치는 의미가 크고 또 널리 확산되어야 합니다. 공정무역 인증을 받으려면 302개의 기준을 통과해야 하고 주기적으로 검증을 받아야 합니다. 올버즈는 가치사슬의 조달 단계와 제조 및 생산 단계에서 중요한 사회적 가치를 잘 반영하고 있습니다.

사회적 가치를 가치사슬에 반영할 수 있다는 아이디어는 비영리 단체에서도 나왔습니다. 국제아동옹호 비영리단체인 세이브더칠드런은 유니세프와 함께 기업들이 아동을 보호하는 원칙을 갖도록 권고했습니다. 이들은 '아동의 권리와 비즈니스 원칙'이라는 가이드를 만들고 기업들이 경영이나 생산 활동에서 아동보호를 위해 노력하고 아동보호 대책들을 필요한 단계나 활동에 반영하도록 권고했습니다. 이 가이드는 가치사슬을 기준으로 각각의 단계에 적절한 아동보호 지침을 반영하도록 했습니다.

예를 들어, 가치사슬 내 모든 활동에서 아동노동을 철폐한다는 원칙을 주지시키고, 인적자원 관리활동에서 젊은 노동자나 부모 그리고 아동 돌봄 종사자들에게 좋은 일자리를 제공하도록 했습니다. 이런 노력이 현재의 아동이나 앞으로 태어날 아동을 제대로 돌보는 데 큰 도움이 되기 때문입니다. 뿐만 아니라 제품과 서비스를 만들 때도 해당 제품이나 서비스가 아동에게 안전하도록 보장하고, 마케팅과 홍보 활동에서도 아동의 권리를 존중하고 이를 옹호하는 내용을 반영하도록 권장했습니다.[63]

세이브더칠드런의 비즈니스 원칙은 기업, 특히 아동 관련 상품을 만들거나 아동고용과 관련된 기업이 따라야 할 원칙과 가이드라인을 제공하고 있습니다. 실제 가이드라인이 현실적으로 어떻게 적용되는지를 떠나서 이런 활동 자체가 아동보호의 중요성과 이를 늘 염두에 두어야 한다는 생각을 갖게 만드는 데 도움이 됩니다. 세이브더칠드런의 비즈니스 원칙은 아동 보호와 권익의 강화와 같이 특정한 사회적 가치를 기업이 어떻게 인식하고 적용할 수 있는지를 지도해 주는 좋은 역할을 합니다.

착한 것만으로는 충분하지 않습니다
(Being Good is not Good Enough)

그러면 사회적 가치를 경영활동 과정에 잘 반영하고 만들어 내면 시장에서 차별성을 만들 수 있고 지속가능할까요? 사회적 가치를 제품이나 서비스에 반영하는 많은 기업들은 자신들이 반영하는 사회적 가치가 빛을 발하여 시장의 다른 제품과 차별화되고 고객들이 계속 이를 원하기를 희망합니다. 많은 고객들이 사회적 가치가 중요한 것을 인지하고 또 그 가치가 반영된 제품을 구매할 수 있지만, 그런 구매활동이 일회성에 그치지 않고 지속될 수 있는가 하는 것은 별개의 문제입니다.

이쯤에서 우리는 인간의 심리와 행동경제학에 대해 생각해 봐야 합니다. 사회적 가치를 더 많은 사람들에게 제대로 알리고 공감하게 만들면 그 공감을 토대로 더 많은 사람들이 계속 해당 상품을 구매할 것이라고 생각합니다. 그런데 인간의 일상은 어느 하나가 절대적인 지위를 차지하지 않고 다양한 가치와 욕구가 공존합니다. 물론 특정 종교나 원칙을 신봉하는 집단은 예외입니다. 이런 집단만을 위한 시장이나 그런 고객만을 위한 상품이라면 모르겠지만 자사의 상품을 일반인을 위해 만들고 있다면 시장의 일반 소비자들이 가지고 있는 생각과 행태에 대해 진지하게 고민해야 합니다. 일반 고객들은 제품, 품질, 가격을 고려하지 않고 사회적 가치만을 절대적으로 생각하여 상품을 구매하지는 않습니다. 설령 특정 계기로 그렇게 구매한다 해도 제품의 본질적인 특성, 품질, 차별성을 생각하지 않고 지속적으로 구매하기란 어렵습니다. 구매자들은 차별화에 대해 고정적이지 않습니다. 사회적 가치가 반영된 제품으로 의미를 찾다가도 다른 차별화된 상품이나 경험을 찾습니다. 구매자들은 양가감정을 가집니다. 가치가 있는 제품을 찾을 때도 있지만 표준화된 제품을 즐기고 싶을 때도 있습니다.

샌프란시스코 대학의 윤리학 교수 데이비드 뱃스톤은 낫포세일(Not For Sale)이라는 인신매매 근절을 위한 비영리단체 대표이자 소셜 벤처 투자가이기도 합니다. 그가 투자하여 성공시킨 대표적인 브랜드는 레블(REBBL)이라는 유기농 음료 제품입니다. 레블은 코코넛 우유로 만든 식물성 유기농 음료로, 모든 원료가 윤리적으로 공급됩니다. 레블은 유기농 음료 시장에서 성공적으로 성장하고 있으며 순매출액의 2.5퍼센트를 낫포세일에 기부합니다.

소셜 벤처 투자가로서 그는 일반적인 제품이든 윤리적인 제품이든 제품의 성격과 관계없이 본질적으로 고객들이 원하는 것은 제품 그 자체의 특성과 품질이라고 말합니다. 그래서 그는 자신이 투자하는 사회적 가치 기업이 미션만 전면에 내세우고 제품은 어중간하게 만드는 것을 원치 않습니다. 그는 고객들은 좋은 명분만 보고 제품을 구매하지 않으며 기본적으로 독특하고, 품질이 좋은 제품을 구매한다고 말합니다. 그러면서 미션과 명분은 고객들이 제품 자체의 특성과 차별성에 수긍한 후, 그 가치를 더 높이기 위해 활용될 수 있다고 주장합니다.[64]

사회적 가치를 지향하는 기업들이 갖는 기대성 사고(wishful thinking) 중 하나는 사회적 가치만을 위한 시장과 고객 세그먼트가 별도로 존재한다는 것입니다. 그러나 사회적 가치 상품만 구매하는 고객도, 이런 상품만을 위한 시장도 별도로 존재하지 않습니다(소셜 섹터 내에서의 상호 거래는 제외). 시장은 하나밖에 없으며, 제품이 어떤 차별성을 갖는가의 문제일 뿐입니다. 사회적 가치는 차별성을 갖는 데에는 도움이 될 수 있지만 독립변수는 아닙니다. 상품의 차별성이 그 상품이 가진 원천적인 경쟁력이 될 수 있느냐를 고려해야 합니다. 사회적 가치는 시장에서 경쟁력을 높이는 데에는 도움이 되지만 상품 전체의 경쟁력은 상품이 주는 부가가치나 가격 등이 복합적으로 작용합니다. 다시 말해, 사회적 가치가 반영되는 것은 좋지만, 이 상품을 시장에서 지속적으로 판매하려면 부가가치나 가격에 경쟁력이 있어야 합니다. 고객들은 상품을 구매할 때 사회적 가치와 자부심도 중요하게 보지만, 상품의 필요성, 품질, 기호와 유행도 함께 고려하기 때문입니다.

기업이 하는 모든 노력은 그 기업의 지속가능성을 염두에 두고 이루어져야 합니다. 시기에 따라 일시적인 변동은 있을 수 있지만 모든 기업은 궁극적으로 지속가능한 성장을 지향합니다. 그런데 기업이 먼 미래의 지속가능한 성장을 떠나서 살아남으려면 일정 수준의 참여자 또는 고객을 확보하거나 수익을 거둬야 합니다. 이는 결국 합리적인 비용 조정, 매출 증대를 통한 수익 증가 등 기업 운영의 본질적인 메커니즘으로 귀결됩니다. 사회적 가치를 추구하더라도 실제 기업의 주주와 이해관계자들이 동의할 수 있는 수준의 수익이 발생해야 합니다. 그리고 그 수준에 대한 판단은 다양할 수 있습니다.

일부 사람들은 사회적 가치가 반영된 상품이 많이 알려지지 않아서 잘 판매되지 않는다고 보고 매장과 채널을 더 늘리고 홍보를 더 많이, 더 잘하면 판매를 늘릴 수 있다고 생각합니다. 그러나 시장과 사람의 속성에 대해 지나치게 희망적이거나 낙관적으로 보는 것보다 현실적인 고려가 더 필요합니다. 홍보를 더 많이, 더 잘해서 상품이 더 알려진다 해도 가격과 부가가치 면에서 경쟁력이 떨어지면 고객이 가치지향적 구매를 한 번 했다고 해도 재구매로 이어지지 않습니다. 사회적 기업과 소셜 벤처는 사회적 가치를 떠나서 일반 기업과 같이 사업자등록을 하고 시장에서 사업을 하는 기업입니다. 비즈니스의 지속가능성은 시장에서의 구매고객 증가와 재구매를 의미합니다. 고객이 제한되고 재구매가 이루어지지 않으면 그 사업은 지속될 수 없습니다. 수익 추구에만 몰두하는 기업보다 사회적 가치에 더 큰 의미와 비중을 두면서 사업을 영위하는 사회적 가치 기업도 생존에 필요한 수준의 수익을 만들어 내야 지속할 수 있습니다. 그 생존 수익은 스스로 만들어 내야 합니다. 방법은 사회적 가치와 통합하여 경쟁력을 높일 수 있는 경쟁우위 포인트를 가치사슬에서 찾고 만들어야 합니다.

　사회적 가치가 잘 반영되고 다른 경쟁우위 포인트도 잘 갖추어지면 고객들은 제품 자체에 대해 만족할 뿐 아니라 가치지향 구매도 지속적으로 이어갈 수 있습니다. 즉, 많은 사회적 가치 기업들이 희망하는 가치지향 구매의 지속성은 다른 경쟁력의 토대 위에서 보장되고, 다른 경쟁우위 요소와 사회적 가치가 결합하여 시너지를 만들어 낼 때 가능합니다.

포지셔닝 전략과
가치사슬이란

　　　　　　　　　　기업의 규모에 관계없이 쓸 수 있는 자원이 한정적이므로 기업의 포지셔닝 전략은 매우 중요합니다. 이에 따라 가치사슬 내에서 자원배분이 이루어지기 때문입니다. 가치사슬과 SWOT(strength, weakness, opportunity, threat) 분석[65]을 통해 내부의 강점(strength)과 약점(weakness)을 파악하고 어떤 단계에 자원을 중점적으로 배분하고, 단계마다 자원을 어떻게 효율적으로 배분할지 고려해야 합니다. 경쟁력 요소가 어느 단계에 있는지 판단되면 그 단계에 자원을 집중하는 것이 전략적으로 타당합니다.

　가치사슬에서 경쟁우위성은 앞서 말했듯이 가격경쟁력과 부가가치의 경쟁력으로 대별됩니다. 다양한 범위의 고객을 대상으로 경쟁사 제품과 유사한 제품을 만들어 판매할 경우 비용을 낮출 수 있는 가격경쟁력이 중요합니다. 반면 제한적인 고객군을 대상으로 차별화된 상품을 만들어 팔 경우에는 그 상품이 갖는 부가가치가 높으면 경쟁우위를 가질 수 있습니다.

사회적 가치를 가치사슬의 특정 단계에서 반영하면 가격 상승의 원인이 되는 경우가 많습니다. 예를 들어 친환경의 사회적 가치를 원료 조달 단계에서 반영하여 친환경 원료를 쓰면 일반 원료보다 가격이 높아 비용이 상승합니다. 만약 제품의 가격에 경쟁력 요소를 두려고 하면 다른 단계에서 가격을 낮출 수 있는 여지를 찾아야 합니다.

가치사슬의 어느 단계에서 경쟁우위성을 확보할 것인가 하는 문제는 시장 포지셔닝 전략과도 맞물려 있습니다. 포지셔닝 전략은 제품이나 서비스의 범위를 한 축으로, 대상 고객을 다른 한 축으로 보고 결정합니다. 예를 들어 다양한 범위의 고객을 대상으로 제한된 상품을 판매하겠다면 다양성 기반의 포지셔닝(variety-based positioning) 전략을 취해야 합니다.[66]

다양성 기반의 포지셔닝 전략은 전체 산업 내에서 특정한 제품군만 생산하는 경우입니다. 예를 들어 제지산업에서 사무용지만 제작 판매하는 기업이 있습니다. 사무용지를 만들어 파는 기업의 고객들은 학생, 프리랜서 등의 개인 고객부터 기업, 기관 고객 등 범위가 매우 다양합니다. 이 기업은 사무용지라는 한정된 상품을 다양하고 많은 고객을 대상으로 판매하므로 다양성 기반의 포지셔닝 전략을 취하고 있습니다. 포터 교수는 지피루브(Jiffy Lube)라는 자동차용 윤활유만 전문적으로 생산하는 업체를 사례로 들었습니다. 지피루브는 해당 제품에만 매진하여 비용을 낮추면서도 최고의 제품을 만들어 낼 수 있었습니다. 규모의 확대는 이런 혁신을 기반으로 이루어집니다. 차별화된 제품을 만들던 지피루브는 이제 40년이 넘은 기업으로 성장했습니다. 그리고 혁신을 통해 점진적으로 규모를 키워 왔습니다. 현재는 오일 교환, 브레이크 패드, 타이어, 배터리 점검 및 교체의 네 가지만 하는 경정비 서비스를 제공하고 있습니다. 이 경정비 서비스만으로 전국 체인을 만들어 사업을 확장하고 있습니다.

반대로 제한된 고객군을 대상으로 많은 종류의 상품을 판다면 수요 기반 포지셔닝(needs-based positioning) 전략을 택해야 합니다. 대표적인 기업이 이케아(IKEA)입니다. 이케아는 가구 제품을 직접 운송하여 조립할 의향이 있는 젊은 층을 주고객으로 하여 다양한 종류의 가구 제품을 만들어 팝니다. 비용과 차별성 모든 측면에서 이케아는 해당 고객 집단을 대상으로 한 경쟁사에 비해 우월한 경쟁우위를 갖고 있습니다. 가구의 조립과 운송을 고객이 직접 담당하게 하여 비용을 절감하고, 이는 가격경쟁력으로 연결됩니다. 가구 디자인과 제품 라인도 단순화함으로써 비용을 줄입니다. 시장 포지셔닝 전략을 포함한 전체 전략을 결정하면 경쟁우위성을 어느 단계에서 강화할지를 정하고 그에 따라 유효한 자원을 배분합니다.

자사의 제품이나 서비스가 두 전략 중 어느 쪽을 선택할 것인지 결정해야 합니다. 물론 양쪽의 특성을 모두 결합한 적응형 포지셔닝 전략도 가능하지만 많은 경우 크게 두 가지의 전략을 기준으로 분류할 수 있습니다. 다양성 기반의 포지셔닝 전략을 택하는 기업은 단일 제품에 대해 다양한 고객군을 가질 수 있으나 경쟁사와 차별화하고 가격과 품질의 경쟁력을 가지기 위해서는 단일 제품의 비용을 절감하고 품질을 높이는 데 자원을 투자해야 합니다.

지피루브는 사내 자원을 단일 품목 제품의 품질을 극대화하고 가격을 낮추는 데 투자했습니다. 따라서 자동차용 윤활유 외에 다른 제품을 병행하여 제조하는 경쟁사에 비하여 품질 차별화와 가격경쟁력을 모두 갖출 수 있었습니다. 최근 사업을 확장했지만 기존 제품과의 관련성이 높고, 고객 유인 및 추가 서비스 제공 가능성도 높으며, 작업공정상의 효율성과 시너지를 높일 수 있는 아이템만 골라 제공하고 있습니다.

엔비디아(NVIDIA)는 컴퓨터의 그래픽 처리장치(GPU, Graphic Processing Unit)를 생산하는 기업입니다. 한때 연 수익 성장률이 거의 50퍼센트에 이르고, 매출 총이익이 60퍼센트에 이르기도 했습니다. GPU는 엔비디아가 1999년에 만들었습니다. 비디오 게임이 성장하면서 GPU의 수요도 급증했고 엔비디아의 성공을 견인했습니다. 더구나 가상화폐를 발굴하는 컴퓨터에 GPU가 쓰이면서 수요와 가격이 폭등했습니다. 엔비디아는 계속 기술을 업그레이드하면서 자율주행차, 증강현실, 인공지능까지 소화할 수 있는 GPU를 만들고 있습니다.

GPU 시장에도 경쟁사는 있습니다. 컴퓨터의 두뇌에 해당하는 중앙처리장치(CPU, Central Processing Unit)를 만드는 AMD입니다.

사회적 가치 비즈니스

AMD는 CPU 시장의 리더인 인텔과 경쟁하며 CPU를 생산해 왔습니다. 그러다 GPU의 수요가 폭증하자 GPU 시장으로 들어와 엔비디아와 경쟁합니다. 그런데 AMD는 엔비디아만큼 GPU 시장에 집중할 수 없었습니다. 엔비디아는 GPU만 생산하지만, AMD는 주력상품인 CPU를 만들어 인텔과 경쟁하고 GPU를 병행 생산해 엔비디아와 경쟁해야 하는 상황이었습니다. 결국 AMD는 인텔과의 법정소송 등 CPU 전장에 상당한 자원을 빼앗긴 나머지 GPU 시장에 자원을 충분히 투입하지 못하면서 시장점유율이 급락했습니다. 2009년에 시장에 진입하여 35퍼센트 정도의 시장점유율(엔비디아는 65퍼센트 정도)을 차지했던 AMD는 2015년부터 20퍼센트 아래(엔비디아 80퍼센트대)로 급락했습니다. 이런 상황은 AMD가 GPU 품질을 획기적으로 개선하면서 2019년 2분기에 시장점유율을 30퍼센트대로 끌어 올리면서 개선되었습니다(엔비디아는 60퍼센트대로 하락했습니다).

가치사슬의 틀로 보면 엔비디아가 AMD보다 조달을 포함하여 제조 및 생산, 유통 등 대부분의 단계에서 자원 집중도와 효율성을 높일 수 있어서 더 유리합니다. 물론 다른 제품 라인을 가지고 있는 기업이 생산공정의 시너지를 높여 생산성을 높일 수는 있지만, 여기에도 절대적인 시간과 노력이 필요합니다. 이는 신생 기업이 차별성과 경쟁력이 있는 단일 또는 소수 품목의 새로운 제품을 만들어 시장에 진입할 때 가치사슬의 유효 단계에 자원과 비용을 효율적으로 집중하는 것이 유리하다는 사실을 보여 주는 좋은 사례입니다.

수요 기반의 포지셔닝은 특정 고객 세그먼트를 타깃으로 그들의 모든 니즈를 충족시켜 주려고 합니다. 해당 기업은 특정 고객군을 대상으로 하는 유사 경쟁업체와 대비해서 어떻게 하면 전체적인 가격경쟁력을 가질 수 있을까 고민해야 합니다. 가치사슬의 어떤 단계에서 혁신과 효율화를 통해 비용을 줄일 수 있을지를 점검해야 합니다. 이케아와 같이 다양한 제품을 생산하는 제조기업의 경우 가치사슬에서 제작공정을 줄이고(조립미완 제품), 유통 단계를 줄이는 것(고객이 직접 제품을 운송)이 가격경쟁력을 높이는 모델입니다. 포지셔닝 전략은 결국 가치사슬과 연계될 수밖에 없습니다.

사회적 가치의
가치사슬 적용사례

폐지 1킬로그램은 현재 50원에 불과합니다. 1~2년 전에는 수백 원이었던 것이 점점 내려가 일부 지역에서는 20원이나 30원까지 내려갔습니다. 폐지를 수거하는 노인들의 삶이 점점 더 어렵고 팍팍해졌습니다. 러블리페이퍼는 폐지수거 노인들을 지원하는 한국의 청년 소셜 벤처입니다. 이들의 사업 모델에는 몇 겹의 이해관계자들이 얽혀 있습니다. 폐지 줍는 노인들을 돕는 사회적 미션에 상품을 만들고 판매하여 수익을 내야 하는 사업이 연결되어 있기 때문입니다.

우선 이들은 폐지 수거 노인들에게 혜택을 주기 위해 이들로부터 폐지를 시가보다 몇 배나 높은 가격에 구매합니다. 그다음 이 폐지

위에 천을 씌어 캔버스로 가공하고 그 캔버스 위에 예술 작품을 그려서 일반 고객들에게 판매합니다. 언뜻 보면 원료 조달에서부터 가공, 제품 생산까지 비용이 겹겹이 쌓입니다. 상품 가격은 이런 비용을 모두 고려하여 책정해야 합니다. 그리고 작품으로써의 미적 가치가 있어야 제품이 팔립니다.

러블리페이퍼는 가치사슬 내의 활동이 비용을 높이지 않으면서 원활하게 돌아가도록 하기 위해 많은 고심을 한 것으로 보입니다. 가장 임팩트 있는 전략 중 하나는 작품 제작에 300여 명의 아티스트의 재능기부를 활용한 것입니다. 상품의 제조 및 생산 단계에서 제작비가 들어가지 않기 때문에 비용을 낮출 수 있는 큰 장점이 됩니다. 물론 그 아티스트들의 재능기부를 계속 유지시키기 위한 사업적 역량과 노력이 필요합니다. 다음은 작품 판매 문제입니다. 온라인 스토어와 오프라인 팝업 스토어도 운영하고 있지만, 흥미로운 것은 구독형 서비스 모델도 갖고 있다는 것입니다. 매월 1만 원을 내면 4개의 예술작품을 보내 주는 모델입니다. 작품을 구매하는 사람의 입장에서 보면 필요할 때 낱개로 구매하면 되지, 굳이 매월 1만 원씩 내면서 4개씩이나 구입할 필요는 없습니다. 한 달에 4개씩 이들의 작품을 구독한다는 것은 작품 자체의 상품성보다 이들이 지향하는 사회적 가치에 공감하고 이들의 노력에 도움을 주려는 생각 때문일 것입니다. 즉, 어려운 노인을 돕는 좋은 일을 하는 청년들의 노력과 가치를 높이 사서 기부의 의미로 매월 4개의 작품을 구독하는 것입니다. 한 고객을 대상으로 제품을 낱개로 판매하는 모델보다 복수로 판매하는 모델이 당연히 수익성이 더 높습니다. 여기서도 지속가능한 사업을 만들기 위한 이들의 고심이 엿보입니다.

이들의 모델을 가치사슬로 보면 폐지 수거 노인들로부터 높은 가격에 폐지를 구매하므로 조달 단계에서 사회적 가치를 잘 반영하고 있습니다. 캔버스를 만드는 과정에서도 폐지 수거 노인들을 직접 고용하고 있어 인적자원에도 사회적 가치가 반영됩니다. 가치사슬의 주요 두 부문에서 큰 사회적 가치를 반영하지만 상당한 비용이 발생하므로 이를 다른 단계에서 효과적으로 조정하고 적어도 비용 발생 속도만큼 판매를 확장하기 위해 노력해야 합니다. 판매수익이 비용 발생보다 작으면 아무리 착한 기업이라도 사업이 유지될 수 없습니다.

러블리페이퍼는 제조 및 생산 단계에서 아티스트들의 재능기부로 작품을 만들고 있어서 비용이 줄어듭니다. 그리고 마케팅과 영업 단계에서는 기부형 구독 모델 전략이 돋보입니다. 기부형 구독 모델은 제품 판매량과 판매 속도가 비용 발생을 앞지르거나 최소한 따라 잡을 수 있습니다. 이는 유사한 제품의 판매 모델보다 부가가치와 경쟁력 요소를 더 효과적으로 감안한 모델입니다. 앞으로 러블리페이퍼는 가치사슬의 다른 단계에서 경쟁력 요소를 적절히 보완하여 제품 판매를 지속적으로 확대시켜 나가는 것이 중요합니다. 물론 이들은 인적자원 부문에서 폐지 수거 노인들을 더 고용하면서 사회적 가치를 높여 나갈 것입니다. 그런 아름다운 선순환이 일어나길 진심으로 바랍니다. 궁극적으로는 노인들의 빈곤문제가 완전히 해결되어서 자신들과 같이 이 문제를 다루는 사회적 기업이 '멋지게 망하길 바란다'는 이들의 멋진 목표가 이루어지길 바랍니다.

사회적 가치 기업들에게 제품, 서비스의 판매나 영업은 도전적인 일 중 하나입니다. 사회적 가치를 반영한 상품을 만들어서 시장에 내놓아도 상품의 본질적인 측면에서 유사한 상품을 만드는 일반 기업들과 경쟁해야 하고, 이 과정에서 제한된 자원과 비용 때문에 어려움을 겪는 경우가 많습니다. 이들을 대신해서 시장과 고객을 연결해 주는 조직이 있으면 큰 힘이 됩니다.

경상북도사회적기업종합상사협동조합은 사회적 경제 기업(사회적 기업, 협동조합 등)의 제품을 시장 및 고객과 연결해 주는 일을 합니다. 이들은 가치사슬의 조달 단계에서 사회적 경제 기업들의 제품을 수용하여 사회적 가치를 반영합니다. 시장 연결 모델은 직접 제품을 생산하여 판매하는 것이 아니라 중개자의 역할이므로 제품의 제조 및 생산 과정에서 비용이 발생하지 않습니다. 이 협동조합은 사회적 경제 기업 제품을 대기업이나 공공기관 고객과 연결해 주면서 협업할 수 있는 모델을 찾아왔습니다. 그러다 우체국과의 협력 모델을 찾았는데 양쪽 모두에 도움이 됩니다. 경상북도 내의 사회적 기업과 협동조합이 우체국에 예금을 들면서 우체국은 여신 규모를 확대할 수 있고, 이에 상응하여 우체국은 이 사회적 경제 기업에게 택배 비용을 할인해 주었습니다. 이 협동조합이 사회적 경제 기업의 제품을 연결해 주는 과정(마케팅 및 영업)에서 사회적 가치를 반영했을 뿐 아니라 비용절감이라는 경쟁우위성을 만들어 낼 수 있었습니다.

국수나무는 프랜차이즈 국수 브랜드입니다. 이 브랜드는 해피브리지라는 협동조합이 운영하고 있습니다. 해피브리지 협동조합은 국수나무를 포함한 여러 개의 프랜차이즈를 운영하고 있으며 직원 협동조합으로 구성되어 있습니다. 프랜차이즈 점주들은 조합원이 아닙니다. 비즈니스 모델에서 프랜차이즈 모델은 새로운 사업을 시도하는 것보다 기존 모델을 확장하는 데 더 유리합니다. 해피브리지는 처음부터 협동조합이 아니었습니다. 일반 기업으로 운영되다가 직원들과 함께 공동의 이익을 지향하기 위해 협동조합으로 변경했습니다. 협동조합의 이사장은 4년 임기로 조합원 총회에서 선출하고 직원들은 총회에서 각자 일인일표를 행사합니다. 협동조합의 특성상 의사결정이 느리다는 점은 있으나 그럼에도 국수나무를 비롯한 프랜차이즈 사업을 지속적으로 운영해 오고 있습니다.

해피브리지는 공존과 상생을 지향하면서 프랜차이즈점에게도 비용 증가를 최대한 자제해 왔습니다. 그리고 경기가 나빠지거나 조합의 사정이 어려워지면 비용절감을 위해 이들과 함께 협력합니다. 최근 소매시장의 침체로 프랜차이즈점과 소매점의 사정이 어려워지자 국수나무 프랜차이즈점의 운영 비용을 줄이기 위해 주문용 모바일앱을 만들고 무인 주문기를 설치했습니다. 대부분 소규모로 운영하는 프랜차이즈점에 비용을 전가하지 않고 이들의 물리적인 부담을 줄이면서 비용을 절감하는 방향을 선택했습니다. 물론 국수나무 고객의 입장에서는 모바일앱이나 무인 주문기가 불편하거나 어색할 수 있습니다. 하지만 소매 음식점에서 비용절감을 위해 무인 주문기를 도입하는 것은 비단 국수나무만의 사례는 아닙니다. 어쨌든 해피브리지 협동조합의 주된 이해관계자이자 일선에서 프랜차이즈점을 직접 운영하는 점주 입장에서는 비용에 대한 부담을 덜 수 있습니다. 이외에도 조합 본사는 수익성이 높은 메뉴를 개발하고 조리과정도 단순한 것으로 개발하는 등 점주의 부담을 줄여 주기 위해 노력하고 있습니다.

가치사슬의 분석틀에서 보면 해피브리지 협동조합은 직원 협동조합으로 전환하면서 인적자원 부문에 직원들의 참여를 중시하고 공동의 이익을 추구하는 사회적 가치를 잘 반영하고 있습니다. 가치사슬에서의 다른 특징은 외부 유통 단계에 있습니다. 외부 유통 단계는 생산된 상품을 판매하기 위해 상품을 내보내는 단계입니다. 고객이 프랜차이즈점에서 주문하는 것은 해피브리지의 가치사슬에서 상품이 고객에게 전달되는 외부 유통 단계에 해당됩니다. 해피브리지는 이 단계에서 모바일앱이나 무인 주문기를 도입하여 비용을 줄이고 있습니다. 해피브리지뿐만 아니라 소매상품을 판매하는 기업들이 가치사슬에서 비용을 절감할 수 있는 가장 효과적인 단계 중 하나는 유통 단계입니다. 해피브리지는 지향하는 사회적 가치를 해당 단계에 잘 반영하면서도 지속가능한 비즈니스를 위해 다른 유효한 단계에서 차별화나 비용 절감을 적절히 시도하고 있습니다.

인적자원 관리 부문에서 사회적 가치를 잘 반영하는 대표적인 사례는 또 있습니다. 2019년 1월 4일 미국 주요 일간지에는 특별한 부고 광고가 실렸습니다. 은퇴한 한 기업 CEO의 죽음을 애도하는 광고였는데, 인상적인 것은 이 광고의 메시지입니다. 메시지는 "우리의 창업자이자 친구, 우리는 당신을 영원히 잊지 않겠습니다."였습니다. 기업의 창업자이자 CEO에게 보내는 최고의 부고 광고인 셈입니다.

이 부고의 주인공은 미국 사우스웨스트항공의 공동 설립자이자 전 CEO 허브 켈러허였습니다. 그는 1967년에 롤린 킹과 함께 사우스웨스트항공을 설립했고 1978년부터 2008년까지 회사를 이끌었습니다. 그가 재임 시 보여 준, 그리고 그 이후 사우스웨스트항공의 가장 중요한 경영원칙은 바로 직원을 존중하는 것입니다. 그들의 모토는 '직원이 첫째, 고객이 둘째, 주주가 셋째'입니다. 켈러허 회장은 2001년 《포춘》과의 인터뷰에서 "직원들을 고객처럼 대해야 합니다. 직원들을 잘 대하면 그들이 고객들을 잘 대할 것입니다. 그것이 우리의 가장 강력한 경쟁력입니다."라고 말했습니다. 그는 직원들을 늘 존중하고 회사가 어려울 때도 직원들을 먼저 생각했습니다. 직원들을 존중하는 태도는 CEO만 해당하는 것이 아니라 직원 간에도 마찬가지입니다. 그는 조종사나 다른 직원들을 뽑을 때도 마인드와 태도를 중요하게 생각합니다. 조종사 한 사람은 인포메이션 데스크에서 안내하는 직원에게 무례하게 굴었다는 이유로 해고되었습니다. 직군이나 직급에 관계없이 모든 직원이 존중받아야 한다는 것이 이 회사의 원칙입니다.[67]

앞서 나왔던 블랙락 CEO인 래리 핑크와 엘리자베스 워런 상원의원 모두 사우스웨스트항공과 허브 켈러허를 자신들이 이야기하는 비즈니스의 목적과 이해관계자들을 위한 자본주의의 모범 사례로 꼽았습니다. 직원들은 늘 그를 존경했고, 회사는 어려울 때도 직원들을 우선했습니다. 2001년 미국 무역센터 빌딩에 항공기를 이용한 테러가 발생해서 항공 서비스 이용률이 급감했고, 미국 항공산업이 극도의 침체를 겪었습니다. 이렇게 어려울 때도 다른 항공사들은 비용절감의 가장 효과적인 방법으로 많은 직원을 해고했지만 사우스웨스트항공은 적자를 보면서도 그렇게 하지 않았습니다. 직원들은 이런 회사의 노력에 공감하고 협력합니다. 심지어 켈러허 회장이 퇴임할 때는 회사와 임금협상 중이던 조종사 노조도 그가 퇴임할 때까지 했던 일에 대해 감사한다라는 내용의 전면 광고를 《유에스에이 투데이》에 실었습니다.[68]

켈러허의 원칙은 주주의 이익을 최우선하는 전형적인 미국식 자본주의 기업의 원칙과는 정반대입니다. 그런데 사우스웨스트항공은 자신들의 원칙과 철학이 궁극적으로는 주주들에게 더 큰 도움이 된다고 주장합니다. 회사가 직원들을 존중하면 직원들은 고객들을 존중하게 되고, 이를 통해 더 많은 고객이 찾아오면서 수익이 높아지면 결국 주주의 이익도 늘어난다는 것입니다. 실제 미국 항공사 가운데 44년 동안 흑자를 유지한 기업은 사우스웨스트항공이 유일합니다.

사우스웨스트항공은 사회적 기업이나 소셜 벤처로 분류되는 기업은 아니지만 가치사슬의 특정 단계나 활동에서 사회적 가치를 잘 반영하고 있는 기업입니다. 사우스웨스트항공은 기업 내에서 직원들을 존중하는 사회적 가치를 담아 가치사슬의 인적자원 관리 부문에서 독보적인 방식으로 서비스를 운영하고 있습니다. 그 결과 사우스웨스트항공의 이직률이 낮아지고, 생산성과 업무의 만족도가 높아졌으며 다른 항공사보다 더 높은 임금 수준을 유지합니다. 사우스웨스트항공은 아무리 어려워도 집단해고나 임금 삭감을 단행한 적이 없으며 항상 미국에서 가장 일하기 좋은 곳 중 하나로 꼽혔습니다.[69]

어떤 기업이든 직원들을 존중하면서 존속할 수 있습니다. 하지만 기업은 그들을 포함한 이해관계자들에게 더 높은 가치와 이익을 주기 위해 지속적으로 성장해야 하고 가치사슬의 다른 단계에서 경쟁력을 갖기 위해 노력해야 합니다. 사우스웨스트항공은 항공사 가운데서도 독특한 비즈니스 모델과 운영 방식, 노하우를 갖고 있습니다. 사우스웨스트항공은 1975년 미국 내 단거리 노선만을 운항하는 항공사로 출발했습니다. 고객에 대한 부수적인 혜택을 줄이면서 가격을 낮추는 저가항공 서비스의 모태가 되었습니다.

사우스웨스트항공은 항공기를 효율적으로 운영하기 위해 다양한 가치사슬 단계에서 차별적인 전략을 구사합니다. 비행기 기종을 보잉 737로 통일한 것이 대표적인 예입니다. 비행기 기종을 단일기종으로 통일하면 정비 인력, 장비, 부품을 상대적으로 작게 유지할 수 있어 유지·보수 비용을 줄이는 장점이 있습니다.

켈러허 CEO는 승객들에게 주는 편의 서비스를 줄이는 대신에 가격 혜택을 주고 효율성을 높이는 쪽을 선택했습니다. 사우스웨스트항공은 게이트 및 지상직 근무자들을 매우 중요하게 여깁니다. 이들이 받는 급여도 다른 항공사에 비해 높은 편입니다. 지상직 근무자들을 존중하고 효율적으로 일할 수 있도록 동기부여를 함으로써 항공기가 지상에 있는 체류 시간을 줄이고 서비스의 효율을 높였습니다. 직원들에게 목적의식을 불러일으켜서 동기를 부여해 주는 것은 생산성에도 도움이 된다는 사실은 이미 입증되었습니다. 특히 자신의 일이 수혜자들에게 임팩트를 준다는 사실을 강하게 인지할수록, 사회 친화적으로 활동하려는 동기 또한 강해집니다.[70] 사회에 대한 긍정적인 임팩트는 일의 만족도와 상관관계에 있다고 밝혀졌습니다.[71]

사우스웨스트항공의 비행기가 지상에 체류하는 시간은 15분입니다. 이 짧은 시간에 지상에서 하는 작업들이 이루어져 항공기는 15분 후에 다시 출발합니다. 저가 단거리 항공 중심의 서비스 운영으로 수익을 거두려면 항공기 운항 비율을 높이는 것이 방법입니다. 그런데 복잡하고 시간이 오래 걸리는 일반 항공사의 지상 서비스를 그대로 적용하면 운항 비율을 높일 수 없습니다. 따라서 다른 항공사들의 운영방식과 차별화되고 효율적인 방식을 적용해야만 합니다. 사우스웨스트항공은 모든 티켓을 온라인으로 발권합니다. 물론 저가 항공의 특성상 일등석을 없애고 식사를 제공하지 않으며, 연결선 수하물 이동 서비스도 제공하지 않습니다. 직원들의 생산성은 다른 항공사보다 월등히 높고 이는 비용절감으로 이어집니다. 따라서 직원들의 급여를 인상하면서도 항공료를 내리고 이윤을 높일 수 있었습니다. 《포춘》은 사우스웨스트항공을 항상 '가장 존경받는 기업'에 놓았습니다.

사우스웨스트항공의 가치사슬을 분석해 보면 인적자원 부문에서 훌륭한 사회적 가치를 반영하면서 조달과 서비스 생산 과정에서 매우 효과적인 비용절감과 차별화 전략을 실행하고 있다는 사실을 알 수 있습니다. 조달 부문에서 항공기 기종을 단일 기종으로 주문하여 비용절감 및 가격 협상력을 높이고 정비 및 유지·보수 비용과 업무의 효율성도 높입니다. 서비스 생산 부문에서 일반적인 항공 서비스의 편의 서비스를 축소하고 모바일로 발권하며 항공기 운항 비율을 늘려 운용 비용을 줄이고 가격경쟁력을 높일 수 있게 되었습니다.

가치사슬의 적용은 연혁이 있는 기존 기업뿐 아니라 신생 스타트업에게도 적용됩니다. 올버즈는 가치사슬의 조달 단계에서 친환경 원료를 사용하면서 사회적 가치를 반영했습니다. 뿐만 아니라 공정무역 인증을 받은 공장에서 신발을 제작함으로써 원료 수급에서부터 제작까지의 전 과정을 친환경적인 공정으로 만들었습니다. 이런 노력은 제품의 비용을 높이는 원인으로 작용합니다. 많은 사회적 가치 기업들이 안고 있는 딜레마이기도 합니다.

올버즈도 비용과 차별화의 경쟁우위성을 높이려고 고심했습니다. 아무리 친환경적인 신발이라는 사회적 가치가 있고, 품질이 뛰어나도 브랜드 파워가 약한 신생 브랜드의 가격이 너무 높으면 고객수를 늘리기가 쉽지 않기 때문입니다. 그래서 선택한 것이 생산되

사회적 가치 비즈니스

는 모델의 디자인 종류와 색상 수를 줄이는 것이었습니다. 올버즈의 초기 모델은 흰색, 검은색, 회색 등으로 색상이 단순합니다. 여기에 신발 밑창 디자인을 거의 모두 동일하게 함으로써 공정을 단순화하고 비용을 줄였습니다. 그래서 지금도 올버즈 신발을 보면 색상수가 많지 않고 디자인이 거의 동일합니다. 물론 본질적인 시장경쟁력을 갖추기 위해서도 노력했습니다. 디자인 종류는 작지만 트렌디하고 매력적이며 다양한 고객층을 유인할 수 있습니다. 올버즈의 모든 제품의 가격은 95달러로 거의 동일합니다. 친환경 원료와 친환경 공정을 쓰면서 적정 가격을 유지하는 것이 쉽지 않지만 올버즈는 공정 과정과 제품 라인, 부품을 단순화하여 가능했습니다.

CGSI가 진행하는 사회적 아카데미에서는 올버즈가 사례를 설명할 때 친환경주의자인 전 미국 대통령 버락 오바마와 영화배우 레오나르도 디카프리오 두 사람이 함께 있는 사진을 보여 주면서 이야기를 풀어 나갑니다. 이 사진은 오바마 대통령이 환경 어젠다에 관한 미팅 때 레오나르도 디카프리오를 초청하여 백악관 뜰에서 함께 찍은 사진입니다. 두 사람의 공통점은 친환경주의자인 것 외에도 모두 관련이 있습니다. 레오나르도 디카프리오는 투자자이고, 오바마 전 대통령은 올버즈의 인플루언서입니다. 이들의 지원에 힘입어 올버즈는 현재 미국에서 가장 힙한 브랜드 중 하나로 인정받고 있습니다.

올버즈는 가치사슬의 마케팅 및 영업 단계에서 환경주의자 인플루언서들의 옹호 마케팅을 적극 활용하여 제품의 가치와 사회적 가치를 함께 높이고 있습니다. 최근 할리우드뿐 아니라 실리콘밸리에서도 올버즈를 신는 것이 유행이고, 특히 아이들에게 친환경 제품을 가까이 하게 하려는 LA와 할리우드 지역의 임산부들에게 최고의 아이템이 되었습니다. 올버즈가 갓 태어난 아이들까지 품에 안은 것입니다.

사회적 가치를 가장 포괄적으로 반영하고 내재화하는 브랜드를 꼽으라면 단연 파타고니아입니다. 파타고니아는 실제 가치사슬의 거의 모든 단계에서 사회적 가치를 반영하고 있으면서 이에 기반한 차별화 전략을 철저하게 활용하는 브랜드입니다. 1973년에 설립된 파타고니아는 환경 친화적 브랜드로 친환경주의를 기업의 모든 분야에 적용하고 있습니다. 미국 캘리포니아 벤투라에 있는 본사 건물은 대체 에너지를 쓰고 있는데 가치사슬의 인프라스트럭처 부문에 사회적 가치를 반영한 것입니다. 그리고 인적자원 부문에서도 직원들이 자부심을 갖고 일하도록 하며 파타고니아와 함께하는 데 많은 지원을 아끼지 않습니다.

파타고니아는 재활용 원료를 70퍼센트 이상 사용함으로써 조달 부문에서도 사회적 가치를 철저히 내재화했습니다. 제조 및 생산 부문에서도 다른 사회적 가치 패션 기업처럼 공정무역 인증을 받은 공장에서 제품을 만듭니다. 여기에도 파타고니아의 철학과 원칙이 들어 있습니다. 패션산업은 석유산업 다음으로 환경에 나쁜 영향을 주는 산업입니다. 의류의 주된 제품인 면을 생산하면서 자원과 환경오염 물질을 투입하고, 제품을 염색하는 과정에서 많은 양의 물을 사용할 뿐 아니라 오수를 배출합니다. 더구나 수많은 브랜드가 경쟁하듯이 시즌마다 새로운 옷을 만들어 빨리 그리고 많이 소비하게 하는 패스트패션 방식이 확산되어 환경오염을 더 가속화시키고 있습니다. 이런 상황에서 파타고니아가 재활용 원료를 70퍼센트 이상 사용한다는 점 자체부터 다른 패션 브랜드와 철학과 운영 원리에서 본질적인 차이가 있음을 알 수 있습니다. 물론 재활용 원료를 사용하면서 품질이 뛰어난 제품을 만들어 내기 위해 상당한 수준의 연구개발 비용을 투입하고 있습니다.

파타고니아는 친환경주의를 그들의 원칙으로 삼고 있지만, 역설적이게도 미션에서 자신들의 비즈니스 활동의 부산물이 환경을 오염시키는 것을 잘 알고 있다고 인정하고 있습니다. 그리고 이러한 역설적인 사실을 마케팅 및 영업 활동에서 활용하고 있습니다. 2011년 11월 25일, 블랙 프라이데이에 《뉴욕 타임즈》에는 '이 재킷을 사지 마세요(Don't buy this jacket)'라는 전면 신문 광고가 실려서 화제가 되었습니다. 물론 그 광고를 낸 기업은 파타고니아입니다. 파타고니아는 광고에 나온 재킷을 만드는 데 들어가는 환경 비용이 실제 가격보다 더 높다고 알렸습니다. 그래서 필요하지 않으면 사지말고 사기 전에 두 번 생각하라고 했습니다. 환경에 나쁜 영향을 주는 무분별한 소비주의에 반대하고 친환경주의를 강조하는 이 역설적인 마케팅은 파타고니아를 친환경 기업의 선구자로 인식하게 만들었고 더 많은 고객이 파타고니아 제품을 구매하도록 만들었습니다. 물론 파타고니아 제품은 70퍼센트 이상의 원료를 재활용하므로 일반 제품에 비해 환경 비용이 훨씬 낮습니다.

이 광고 이후 2년 동안 파타고니아의 매출은 40퍼센트나 증가했습니다. 자신의 제품을 포함한 모든 동종의 제품이 본질적인 문제점에서 자유롭지 못하다면서 극단적인 솔루션을 제시하지만, 소비자들이 제품을 구매할 수밖에 없는 현실에서 좀 더 환경 친화적인 자신의 제품으로 눈을 돌리게 만들었습니다. 공통의 문제를 공유하면서도 소비자들의 구매에 의존하여 수익을 창출하고 사업을 지속하는 기업이 자사 제품의 친환경적 특징을 차별화하여 강조한 영리한 전략입니다.

사후 서비스 부문에서도 마찬가지로 사회적 가치가 반영되고 있습니다. 파타고니아는 북아메리카 지역에서 가장 큰 수선 시설을 갖추고 있고 별도로 수선 키트도 판매하고 있습니다. 시장에서는 통념적으로 더 많은 제품을 팔아야 더 많은 수익을 거두는 것으로 인식하지만, 파타고니아는 더 많은 옷을 사는 것은 환경에 이롭지 않다는 것을 주장하면서 자신들의 뜻에 동참하는 고객들을 끌어들여 고객을 확대하고 있습니다. 파타고니아의 이러한 노력에 공감하는 고객들은 강력한 커뮤니티를 형성하면서 높은 브랜드 충성도를 보이고 있습니다.

파타고니아가 마케팅이나 서비스 영역에서 보이는 이런 활동은 높은 사회적 가치를 반영하면서 가치사슬 내에서 경쟁우위를 가지는 차별화 포인트로 작동하고 있습니다. 그리고 이런 활동들은 진정성을 갖고 있습니다. 파타고니아는 2016년 블랙 프라이데이에 거둔 1000만 달러의 수익 100퍼센트를 비영리단체에 기부하기도 했

사회적 가치 비즈니스

습니다. 그런 활동은 다른 브랜드들은 할 수도 없고 하지도 않는, 파타고니아만 할 수 있는 활동입니다.

가치사슬 내에서
비용을 낮추는 방법 찾기

가치사슬은 시장 포지셔닝 전략과 연계해야 합니다. 파타고니아는 원래 매우 우수한 품질과 높은 가격의 제품을 환경의식이 강한 고소득층 고객을 대상으로 판매했습니다. 따라서 시장 포지셔닝 전략은 다수를 상대로 중저가의 패스트패션 제품을 만들어 파는 브랜드와는 달랐습니다. 파타고니아는 산악 등반용 제품에서부터 시작한 역사를 가지고 있고 아웃도어 의류와 제품으로 확장했기 때문에 이미 시장과 고객 세그먼트에 대한 지식과 노하우를 갖고 있었습니다. 그런데 이제 막 시작하는 사회적 가치 기업은 시장과 고객에 대한 정보나 채널이 상대적으로 취약하여 제품의 차별성과 가격을 규정하기가 쉽지 않습니다. 이런 취약점 때문에 가치사슬 내 적정 단계에서 비용 절감을 해야 하는 유인이 크다고 할 수 있습니다.

따라서 지향하는 사회적 가치를 필요한 가치사슬 단계에 반영하면서도 비용을 절감하는 방법을 찾아야 합니다. 이는 사회적 가치 기업이든, 일반 기업이면서도 사회적 가치를 반영하려는 기업이든 관계없이 적용됩니다. 극단적인 비용절감 사례는 앞서 제시한 와인 가죽을 만드는 베제아입니다. 와인 가죽의 원료는 와인을 만들고 남은 포도 찌꺼기로, 100퍼센트 무료입니다. 무료인 정도가 아니라 와인 제조업체들은 이 찌꺼기를 비용을 들여 처리해야 하므로 베제아에 적극적으로 공급해 줍니다. 그리고 전 세계에서 해마다 배출되는 포도 찌꺼기는 700만 톤이나 됩니다. 베제아는 원료 조달 단계에서 비용을 극단적으로 낮춰서 가치사슬의 다른 단계에서 비용 경쟁력을 가질 수 있습니다. 게다가 제조공정에서 와인 가죽의 핵심 재료 중 하나인 포도씨 기름을 얻기 위해 사용되는 착유기도 이미 시중에 나와 있어 별도로 만들 필요가 없습니다. 베제아의 비즈니스 모델이 혁신적인 것은 환경오염과 동물학대를 동시에 줄이는 사회적 가치 때문만이 아니라, 그 사회적 가치를 가치사슬에 명확하게 반영하면서 가치사슬의 경쟁력도 탁월하게 가져가기 때문입니다.

물론 베제아 같은 예외적인 혁신 비즈니스가 아니더라도 가치사슬의 개별 단계에서 비용을 절감하는 방법이 있습니다. 예를 들어 원료 조달 단계에서 공급망을 물리적으로 가까이 두면 유통 비용을 줄일 수 있습니다. 또는 제품 생산 과정에서 아웃소싱 비용이 더 낮을 경우 이를 활용할 수도 있고, 제품 생산 후 소비자들에게 전달하는 외부 유통 과정에서 온라인을 활용하여 유통 비용을 낮출 수도 있습니다. 에버레인은 처음부터 온라인으로 시작했고, 크로매트는 가격이 높다는 소비자들의 의견에 소매점에 유통하던 모델을 버리고 온라인으로 전환해서 가격을 낮췄습니다.

앞에서 제기한 전략적으로 성공한 일부 기업처럼 제품의 모델이나 생산 라인을 단순화하거나 통일하여 생산 비용과 시간을 아낄 수도 있습니다. 물론 이는 전체 비즈니스 모델에서 고객의 선호와 취향, 수용도 등을 반영한 고객 퍼소나(Persona)[72]와 전략적으로 매칭시키면서 움직여야 합니다. 올버즈는 친환경적인 사회적 가치를 강조하면서 신발 밑창을 통일하고 신발의 색상을 몇 가지로 제한하더라도 우수한 디자인으로 주된 고객층인 밀레니얼 세대의 취향을 만족시킬 수 있다고 보았습니다. 올버즈는 제품의 다양성을 제한하더라도 품질과 사회적 가치라는 본질에 집중하면 이 고객들이 제품을 살 거라고 생각했고, 실제로도 그러했습니다.

비용은 크게 나쁜 비용, 좋은 비용, 최상의 비용의 세 가지로 구분할 수 있습니다.[73] 나쁜 비용은 기업의 전반적인 성장 전략과 연계되지 않거나 목적 없이 낭비되는 비용입니다. 제품이나 서비스 생산의 흐름에 숨어 있는 비효율적인 일과 이를 위한 비용도 포함됩니다. 이는 가장 먼저 줄여야 하고 이를 다른 필요한 비용으로 이전해야 합니다. 좋은 비용은 기업의 성장 전략에 도움이 되는 비용입니다. 즉, 현재 고객의 퍼소나와 선호도를 이해하고 이에 맞춰 상품을 만드는 데 들어가는 모든 활동을 위한 비용 말입니다. 최상의 비용은 차별화된 역량을 키우는 데 들어가는 비용입니다. 앞서 본 것처럼 모든 기업에게 차별화는 시장에서 생존하고 지속하기 위한 핵심 가치입니다. 차별화된 상품 자체는 시간이 지나면 따라할 수 있지만, 차별화를 가능하게 하는 역량은 따라할 수 없고, 복제할 수도 없습니다.

비용은 비즈니스 모델과 포지셔닝 전략과 연계됩니다. 앞서 사우스웨스트항공의 경우 직원들에게 투입되는 비용은 타협의 대상이 아닙니다. 이는 그 회사의 가장 차별화된 특징이자 경쟁력이기 때문입니다. 대신 자신들의 비즈니스 모델 특성에 맞춰 운영 과정에서 효율성을 높이면서 비용을 줄입니다. 사회적 가치 기업들은 가치사슬에 반영하는 사회적 가치가 그 의미와 장점이 충분히 부각될 수 있도록 비용을 지불해야 합니다. 그리고 제품이나 서비스의 품질을 높이고 유지하는 데 들어가는 비용도 마찬가지입니다. 이런 비용은 기업의 지속적인 성장을 가능하게 하는 좋은 비용입니다. 지향하는 사회적 가치와 상품의 본원적인 경쟁력을 훼손하지 않으면서 운영의 효율성을 높이고 필요 없는 비용을 줄여야 합니다. 올버즈가 디자인과 제품 라인을 단순화하여 효율성을 높이고 비용을 줄이면서도 적정 가격에 친환경의 사회적 가치와 최상의 품질을 유지합니다. 쉽지 않지만 올버즈가 할 수 있으면 다른 사회적 가치 기업도 할 수 있습니다. 그리고 그 답은 가치사슬에서 찾아야 합니다.

시장에서 적응하기

반복해서 말하지만 사회적 가치를 반영하는 기업과 비즈니스는 이들만을 위한 별도의 시장에서 경쟁 없이 활동하는 것이 아닙니다. 올버즈가 친환경 신발을 위한 별도

사회적 가치 비즈니스

의 시장에서 일반 기업과 경쟁도 하지 않으면서 비즈니스를 하고 있는 것이 아니라는 말입니다. 사회적 가치와 관계없이 다양한 사업 주체가 진입하는 시장에서는 특정 기업이나 브랜드가 인기를 얻게 되면 그들이 사회적 가치를 반영하든 반영하지 않든 상관없이 경쟁을 하거나 편승하려는 움직임이 생깁니다. 그러면 어떻게 대응해야 할까요?

올버즈가 미국에서 큰 인기를 끌자 당연히 이를 모방하는 기업이 생겼습니다. 그런데 눈살을 찌푸릴 수밖에 없는 것이 그 기업이 이름 없는 모방자가 아니라 아마존이라는 거대 기업이었기 때문입니다. 2019년 9월 말, 아마존의 온라인 마켓플레이스(아마존닷컴)에 올버즈를 꼭 빼닮은 제품이 올라왔습니다. 올버즈 대표 모델의 디자인과 거의 유사하고, 더 재밌는 것은 신발 겉면을 올버즈와 같이 울로 만들었습니다. 그러면서 가격은 올버즈 모델의 95달러보다 절반 이상 싼 45달러였습니다. 물론 큰 차이점이 있습니다. 모방 신발의 밑창은 올버즈와 같은 사탕수수가 아니라 폴리에스터입니다. 가격을 더 낮출 수 있는 이유 중 하나입니다. 물론 모방 신발은 친환경적이라고 광고하지 않고 울로 만든 신발이라고만 말합니다. 그런데 이 신발은 아마존에 입점하는 수많은 중소 벤더 중에 하나가 올린 것이 아니라 206컬렉티브라는 아마존의 자체 브랜드에서 올린 것입니다. 아마존은 리테일 시장에서 직접 수익을 올리기 위해 최근 몇 년 동안 신발과 의류 등 소비재 제품의 자체 브랜드를 조용히 론칭했습니다.[74] 206컬렉티브라는 아마존의 자체 브랜드가 올버즈의 인기가 치솟자 울로 만든 비슷한 신발을 만들어 판매하기 시작한 것입니다.

이에 대해 올버즈가 어떻게 대응했을까요? 올버즈는 "우리의 디자인을 훔치지 말고, 우리의 지속가능한 활동을 훔치세요(Don't steal our design, steal our sustainable practice)"라고 답했습니다. 올버즈다운 대응입니다. 올버즈는 이미 브랜드 인지도와 브랜드 충성도 같은 브랜드 자산이 높아졌고 고객들도 올버즈의 특성과 노력을 잘 이해하고 있습니다. 올버즈는 계속 자신들의 생각과 가치에 동의하는 고객을 늘려 나갈 것입니다.

아마존의 자체 브랜드가 만든 신발이 올버즈의 고객을 뺏어 갈 것 같지는 않습니다. 오히려 올버즈의 디자인을 가진 저가의 모방 신발을 구매하려는 다른 고객 세그먼트를 흡수할 것으로 보입니다. 올버즈는 계속 친환경 제품 생산의 원칙과 철학을 지키면서 자신들의 고객 세그먼트를 확장해 나가면 됩니다. 그러나 어쨌든 시장에서의 경쟁은 불가피하게 존재하고 시장에서는 올버즈가 당한 일과 같은 일들이 계속 일어나고 있습니다. 자신이 윤리적이라고 해서 시장의 모든 경쟁자가 윤리적이라고 판단해서는 안 됩니다. 결국 해결책은 차별화를 위한 역량을 키우는 것입니다. 시장에서 드러나는 상품의 차별화는 곧 모방할 수 있지만 차별화를 위한 역량은 모방할 수 없습니다. 사회적 가치는 반영되어야 하고 차별화하는 데 도움이 되지만, 사회적 가치 기업도 시장에서 지속하기 위해서는 본질적인 차별화 역량을 키워야 합니다.

✦ 맺음말

　기업의 사회적 목적 그리고 사회적 가치에 대한 요구는 앞으로 자본주의가 지배하는 국가에서 더 강화될 것입니다. 주주 자본주의의 최첨단인 미국에서조차 지배적인 기업들이 이제 주주의 이익만 보지 않고 다른 이해관계자들도 배려하겠다고 선언하고 있습니다. 기업의 경제적 가치를 극대화하는 방임적인 패러다임이 중산층의 붕괴, 빈부의 격차를 낳았다면 새로운 패러다임은 부자와 빈자의 대결, 사용자와 노동자의 대결이 아니라 기업의 목적이 더 많은 사람들과 사회를 배려하는 것으로 확장되는 것입니다. 이해관계자들은 피고용인뿐 아니라 고객, 커뮤니티 등 기업이나 기관의 활동과 관련된 모든 주체가 포함되기 때문입니다. 앞으로 기업의 장기적이고 지속적인 성장은 사회적 가치를 반영하고 실천하지 않으면 어려울 것입니다. 이제 더 이상 과거 GE의 CEO였던 잭 웰치의 방식과 마인드로는 기업의 지속가능성을 보장하기가 어렵습니다. 그 시대를 동경하거나 그런 생각과 마인드를 갖고 있다면 자리를 그만두거나 스스로 변해야 합니다.

기업과 비즈니스에서 사회적 가치의 중요성이 대두되면서 기존 기업이든 새로 시작하는 기업이든 사회적 가치를 어떻게 반영하고 만들어 낼지 고민합니다. 소셜 벤처, 사회적 기업 등의 사회적 가치 기업들이 곤혹스러울 수 있는 것은 이제 기존의 일반 기업도 제품이나 서비스에 사회적 가치를 반영하고 또 만들어 내기 때문입니다. 사회적 가치라는 말이 한때 소셜 섹터와 비영리 섹터의 조직들이 만들어 내는 가치로 여겨질 때가 있었습니다. 그런데 이제 사회적 가치가 더 이상 이러한 조직의 전유물이 아닌 시대가 되었습니다.

사회적 기업이나 소셜 벤처 등 사회적 가치 기업들은 지향하는 소셜 미션과 사회적 가치를 만들어 낸다는 점이 일반 기업과 다르다고 인식하고 있습니다. 그리고 많은 사회적 가치 기업들이 자신들의 가치가 시장에서 차별성을 확고하게 만들어 지속가능성을 높일 것이라는 믿음을 가졌습니다. 변화하는 구도는 이제 이 조직들이 반영하거나 만들어 내던 사회적 가치로 차별성을 강조하기 어렵게 되었음을 의미합니다. 최근 한국의 한 아웃도어 브랜드는 재활용 다운재킷을 수거하는 캠페인을 시작했습니다. 입지 않는 다운재킷을 가져오면 자신들의 다운 의류를 할인해 줍니다. 이 브랜드는 윤리적 소비문화에 동참하고 점차 친환경 제품군을 확대해 나가겠다고 했습니다. 이 브랜드는 당연히 파타고니아도 아니고 파타고니아처럼 사회적 가치를 전면적으로 반영한 기업도 아닙니다. 그런데 이제 파타고니아처럼 행동합니다. 아디다스가 해양 플라스틱으로 팔리는 제품을 만들어 파는 것에서 시작해 자사의 모든 제품을 재활용 플라스틱으로 만들겠다는 아이디어로 발전한 것처럼 앞으로 친환경의 사회적 가치를 반영하는 기업뿐 아니라 그 수준도 확대될 것입니다.

기존의 사회적 가치 기업은 자신들의 사회적 가치를 위한 시장이 따로 있다는 믿음이 있었습니다. 그래서 그런 상품을 잘 알리고 시장과 고객을 잘 찾으면 지속가능한 성장이 가능하다고 생각했습니다. 사회적 가치 기업은 일반 기업과 당연히 가치가 다르고 특성도 다릅니다. 그러나 그런 기업만을 위한 시장이 따로 존재하는 것은 아닙니다. 일반 상품들과 같은 시장 내에서 움직입니다. 상품의 속성이 같아도 사회적 가치의 유무를 통해 차별화가 가능하다고 생각했지만, 이제 일반 기업들도 동일한 사회적 가치를 반영하기 시작하면서 같은 시장 내에서 경쟁해야 하므로 사회적 가치 기업이 지향하는 사회적 가치의 차별성이 희석될 수 있습니다.

따라서 시장에서의 차별성과 경쟁력이 사회적 가치 기업이 지속가능하고 계속 성장하기 위해 더 중요해졌습니다. 사회적 가치만으로 차별성을 갖고 시장에서 성공하는 경우도 있지만 다른 경쟁우위 요소를 완전히 배제한 채 사회적 가치만으로 지속적으로 생존해 나가는 것은 쉽지 않습니다. 고객들은 사회적 가치를 존중하지만 현실적으로 일상의 모든 영역에서 그렇게 하지 못합니다. 특정한 사회적 가치를 높이 사서 한 번 구매해 줄 수는 있지만 제품 자체의 품질과 차별성이 낮다면 재구매는 이루어지지 않습니다. 재구매가 없으면 고객을 종횡으로 확장할 수 있는 역량과 자원이 없는 한 지속가능하기 어렵습니다.

고객의 유지와 확장의 문제는 비즈니스의 본질적인 문제입니다. 소셜 섹터 내에서의 상호 거래는 규모가 크지 않아 한계가 있고, 상품의 경쟁력에 기반을 둔 거래가 아니라 합의에 의한 상호 부조적 거래므로 지속성이 떨어집니다. 공공 부문의 조달 시장도 사회적 가치 기업이 진입하기가 쉽지 않습니다. 우선 국내 공공조달에서 배려해야 할 기업은 법령상 사회적 기업뿐 아니라 장애인기업, 여성기업도 포함됩니다. 사회적 가치 기업이 유일한 배려 대상이 아닙니다. 현재 공공 조달에서 사회적 기업을 배려하는 것은 권고사항이지 의무는 아닙니다. 이를 의무로 바꾼다고 해도 장애인기업이나 여성기업 등 다른 배려 대상과의 형평성도 고려해야 합니다.

그렇다고 공공조달 시장에서 사회적 가치 기업을 배려해 주는 것이 경쟁과 완전히 무관한 것도 아닙니다. 공공기관이나 지방자치단체의 공공조달 담당자는 특정 제품이나 서비스의 수요가 있을 때 이를 공급하는 사회적 가치 기업의 목록에서 가장 적합한 기업을 선택합니다. 선택받지 못한 기업들은 다른 조달 담당자를 찾아가서 영업을 하거나 차별화된 특성을 보일 수 있어야 선택됩니다. 물론 작은 규모의 지방자치단체에서 나오는 수요에 전적으로 의존하며 유지할 수도 있습니다. 그러나 해당 지자체 조달사업의 규모나 특정 시기 등에 의존해야 하고 거기에 다른 사회적 가치 기업도 들어올 수 있습니다. 사업의 지속성 면에서 특정 고객에만 지나치게 의존적인 것은 바람직하지 않습니다. 상황이 어떻게 바뀔지 모르기 때문입니다.

아이러니컬하게도 사회적 가치 기업이 사회적 가치를 반영한다는 것은 강점도 되지만 한계가 될 수도 있습니다. 왜냐하면 가치사슬의 적정 단계에 사회적 가치를 반영하면서 발생하는 자원의 제한성이 다른 단계에서의 활동의 여지나 유연성을 제한할 수 있기 때문입니다. 이상적인 것은 반영하는 사회적 가치를 가치사슬에서의 경쟁우위성, 즉 고부가가치나 비용경쟁력 등과 연계하고 시너지를 만드는 것입니다. 올버즈가 친환경적인 신발을 만들면서 신발의 색상과 디자인을 제한하고 이것이 친환경적이라는 가치를 고양시키면서도 비용절감의 장점을 만든 사례입니다. 가치사슬 혁신은 이렇게 다양한 조건을 균형 있게 충족시키면서 경쟁우위를 만들어 낼 때 생깁니다.

물론 이런 통합은 전체적인 사업 전략과 시장 포지셔닝 전략을 연계해서 고려해야 합니다. 대상 고객 세그먼트, 제공하는 제품군 등을 어떻게 갖고 갈 것인지 정하고 가치사슬에서 이를 반영해야 합니다. 고품질의 고가 제품을 특정 고객층을 대상으로 판매하려면 어느 단계에서 부가가치를 높일 것인지를 고려해야 하고, 가격경쟁력이 높은 대중적인 제품을 판매하려면 어느 단계에서 비용 절감에 집중할 수 있는지를 살펴봐야 합니다.

기존 기업들도 이제 주주 외의 다양한 이해관계자들을 어떤 방식으로 배려할 것인지 고민해야 합니다. 이제 규정을 준수하는 수동적인 개념의 사회적 책임이 아니라 수혜자에게 혜택을 주는 적극적인 의미의 사회적 가치를 만들어야 합니다. 실제로 사회적 가치를 반영한 기업이 다른 기업보다 장기적인 수익률이 높게 나타나고 있습니다. 직원들을 주주와 고객만큼 존중하면서 이들에게 자부심과 동기를 부여하는 기업이 많이 나왔으면 좋겠습니다. 기업이 위치하거나 생산지가 있는 지역에서 지역 노동자를 고용하고 지역 공동체와 함께 성장하는 기업이 필요합니다.

2019년 10월, 세계 최대의 채광기업인 BHP는 영국에서 투자자들을 대상으로 한 브리핑에서 의사결정과정에서 사업 지역과 주민들의 '이익'이 확고히 반영되도록 하기 위해 모든 사업 부문의 사업 계획을 수립할 때 사회적 가치 평가를 사전에 반영하겠다고 발표했습니다.[75] 과거 채광사업은 해당 지역에서 고용을 창출하고 세금을 내는 것으로 충분했지만, 이제 스스로 그 이상의 배려가 필요함을 인식하기 시작했습니다.

이제 경제적 수익의 극대화에 매진한 후 시즌이 되면 하루 날 잡아 지역에서 김장김치를 함께 만들거나 연탄 배달을 하는 것으로 사회적 책임을 다했다(그게 중요하지 않다는 것이 아니라)고 생각하던 과거 CSR의 프레임이 아니라 경영활동 과정에서 직원과 지역 공동체를 위한 사회적 가치가 직접 반영되어야 합니다.

현재와 미래의 고객인 밀레니얼·Z 세대는 기업이 어느 정도의 진정성을 갖고 사회적 가치를 말하고 실제로 반영하는지, 그 겉과 속의 일관성에 대해 깊숙이 이해할 수 있습니다. 그리고 그 행태를 예의주시하면서 빠르게 반응합니다. 앞으로 기업들은 지금껏 역사적으로 기업에 대한 사회적 기여를 가장 많이 요구하는 새로운 고객을 접할 것입니다. 변화가 없었다면 이제부터라도 변화해야 합니다.

기존 기업이든 사회적 가치 기업이든 경영활동에 사회적 가치를 반영했다면 이를 제대로 알리는 것도 중요합니다. 반영하는 사회적 가치를 알리는 가장 효과적인 방법은 이를 계량화하여 숫자로 보여 주는 것입니다. 이 사회적 가치가 어느 정도의 임팩트와 가치를 창출할 수 있는지 산정해 보고 구체적인 결과를 마케팅과 홍보에 활용합니다. 사회적 가치만 가지고 경쟁우위를 만들긴 어렵지만 그 사회적 가치가 수혜자들에게 얼마나 큰 혜택과 가치를 주는지 구체적인 사례와 숫자로 보여 주면 큰 도움이 됩니다. 물론 이런 평가와 측정은 단순히 고용을 얼마나 늘렸다와 같은 단순한 숫자가 아닙니다. 변화이론(Theory of Change)과 같은 임팩트 분석 툴을 활용하여 활동의 결과로 나타나는 산출물의 실제 성과를 평가하고 이를 계량화합니다(사회적 가치를 어떻게 평가·측정하고 그 결과를 활용할 것인지는 이 시리즈의 다른 책에서 볼 수 있습니다).

주주 자본주의에서 이해관계자 자본주의로 패러다임이 변화하고 있고, 이는 기존 기업이든 신생 기업이든 모든 기업이 사회적 가치를 어떤 형태로든 경영에 반영해 가야 한다는 것을 의미합니다. 기업들은 이제 기존 주주 자본주의의 프레임에서 제대로 대접받지 못한 직원과 지역 커뮤니티 등의 이해관계자들을 배려해야 젊은 고객들로부터 인정받고 더 많은 수요를 만들 수 있습니다. 과거 존경받는 기업이 더 잘 성장한다는 연구를 뛰어 넘어 이제 사회적 가치를 반영하고 만들어 내는 기업이 더 빠르고 크게 성장하는 시대가 되었습니다.

✦ 주

1) https://www.forbes.com/sites/patrickwwatson/2018/09/25/real-wage-growth-is-actually-falling/#50b7eb6c7284

2) 벌링턴 클럽은 옥스퍼드 대학 재학생 중 이튼, 해로 같은 사립학교 출신이자 고위층과 부유한 집안의 아들들만 가입하는 비밀 클럽입니다. 이 클럽은 노숙자 앞에서 100파운드짜리 지폐를 불태우는 등 방자하고 방탕한 행동으로 유명합니다. 2010년 보수당 정권의 데이비드 캐머런 수상, 조지 오즈번 재무부장관, 닉 허드 시민사회부 장관 그리고 현재 수상인 보리스 존슨 등이 모두 이 클럽 출신입니다.

3) Mueller, Benjamin. "What Is Austerity and How Has It Effected British Society?". The New York Times (24 February 2019).

4) https://www.theguardian.com/commentisfree/2019/feb/16/council-tax-austerity-local-services

5) https://www.theguardian.com/local-government-network/2013/feb/25/welfare-reform-devolve-to-councils

6) https://assets.publishing.service.gov.uk/government/uploads/system/uploads/attachment_data/file/644266/MarketTrends2017report_final_sept2017.pdf

7) https://www.socialenterprise.org.uk/wp-content/uploads/2019/05/The_Hidden_Revolution_-_FINAL-1.pdf

8) https://www.thirdsector.co.uk/chris-whites-public-services-bill-difference-society/governance/article/1055671

9) https://ssir.org/articles/entry/measuring_social_value

10) https://assets.publishing.service.gov.uk/government/uploads/system/uploads/attachment_data/file/403748/Social_Value_Act_review_report_150212.pdf

11) https://www.bdonline.co.uk/opinion/we-need-a-multi-dimensional-approach-to-social-value/5102608.article

12) https://www.ft.com/content/1b441d84-e9a7-11e9-85f4-d00e5018f061

13) https://www.warren.senate.gov/imo/media/doc/Accountable%20Capitalism%20Act.pdf

14) https://opportunity.businessroundtable.org/wp-content/uploads/2019/08/BRT-Statement-on-the-Purpose-of-a-Corporation-with-Signatures.pdf

15) https://www.realclearpolitics.com/epolls/2020/president/us/2020_democratic_presidential_nomination-6730.html

16) https://www.pewsocialtrends.org/2019/12/11/most-americans-say-the-current-economy-is-helping-the-rich-hurting-the-poor-and-middle-class/

17) https://www.mckinsey.com/business-functions/strategy-and-corporate-finance/our-insights/framing-reinvention-what-disruptive-change-means-for-business-society-and-you?cid=other-eml-alt-mip-mck&hlkid=d5c4ab5a0a6947248a56e3a42 8267f0e&hctky=11284644&hdpid=c19caecb-4e47-4227-9148-5941c8df5922

18) Stiglitz, Joseph E., *The Price of Inequality* (New York: Norton, 2013), xxi.; Buffett, Howard W., *Social Value Investing* (p. 5). Columbia University Press. Kindle Edition.

19) https://www.blackrock.com/corporate/investor-relations/larry-fink-ceo-letter

20) https://www.theguardian.com/environment/2019/oct/12/top-three-asset-managers-fossil-fuel-investments

21) https://www.cnbc.com/2018/04/05/blackrock-to-offer-new-funds-that-exclude-stocks-of-gun-makers-and-retailers-including-walmart.html

22) https://fortune.com/2020/01/14/blackrock-ceo-larry-fink-climate-change-investment-strategy-annual-letter/

23) https://hbr.org/2016/10/the-type-of-purpose-that-makes-companies-more-profitable

24) https://hbr.org/2016/10/the-type-of-purpose-that-makes-companies-more-profitable

25) https://www.nytimes.com/2019/10/14/opinion/benioff-salesforce-capitalism.html?fbclid=IwAR1nfkfHOd86Q8-qJaTHMLykZYYc2SHqh9BTFJVr3-piJZilzx--Y5LEY-8

26) https://www.theguardian.com/world/2019/dec/20/former-france-telecom-bosses-jailed-over-workplace-bullying

27) Buffett, Howard W., *Social Value Investing* (p. 4). Columbia University Press. Kindle Edition.

28) www2.deloitte.com/content/dam/Deloitte/global/Documents/About-Deloitte/dttl-crs-millennial-innovation-survey-2013.pdf.; 24. 2017 Deloitte Millennial Survey, https://www2.deloitte.com/global/en/pages/about-deloitte/articles/millennialsurvey.html.; Buffett, Howard W., *Social Value Investing* (p. 327). Columbia University Press. Kindle Edition.

29) Groux, Darshan. "Millennial in the Workplace." *Center for Women & Business*, Bentley University.; 4, www.bentley.edu/centers/center-for-women-and-business/millennials-workplace.

30) http://news.kotra.or.kr/user/globalAllBbs/kotranews/album/2/globalBbsDataAllView.do?dataIdx=176658

31) http://m.blog.daum.net/augustlee/8941200
32) http://www.conecomm.com/research-blog/2017-csr-study
33) https://www.20slab.org/archives/34925
34) z세대 트렌드 리포트 (2019), open survey, 2019. 10. https://docs.opensurvey.
   co.kr/report/opensurvey_trend_Generation-Z_2019.pdf
35) https://www.apnews.com/a7cc45d9fbdf4417981ec6c0f4e93e01
36) https://www.commonobjective.co/article/microstudy-google-search-trends-for-
   sustainable-fashion
37) https://www.highsnobiety.com/p/adidas-top-100-most-valuable-brands/
38) https://www.apnews.com/a7cc45d9fbdf4417981ec6c0f4e93e01
39) https://www.nzherald.co.nz/business/news/article.cfm?c_id=3&objectid=
   12255518
40) https://en.wikipedia.org/wiki/Green_New_Deal
41) Drucker, Peter F.. *Management: Tasks, Responsibilities, Practices* (New York:
   HarperCollins, 1974), 807.
42) Emerson, J.. *New Social Entrepreneurs: The Success, Challenge, and Lessons of
   Non-profit Enterprise Creation*. San Francisco: Roberts Foundation(1996).
43) Montgomery, Heather. "Meeting the double bottom line: the impact of Khushhali
   bank's micro." *Asian Development Bank Institute Policy Paper* (8): pp. 1 – 2(2005).;
   Cited by Dart, Raymond. "The Legitimacy of Social Enterprise." *Nonprofit
   Management & Leadership* 14 (4): pp. 411 – 424(Summer 2014). doi:10.1002/
   nml.43.
44) mashable.com/2016/02/09/why-facebook-free-basics-failed-india/
45) https://www.theguardian.com/technology/2017/jul/27/facebook-free-basics-
   developing-markets
46) https://www.theguardian.com/technology/2016/may/12/facebook-free-basics-
   india-zuckerberg
47) https://mashable.com/2016/02/09/why-facebook-free-basics-failed-india/
48) Edmans, Alex. "Does the Stock Market Fully Value Intangibles? Employee
   Satisfaction and Equity Prices." *Journal of Financial Economics* (Vol. 101,
   2011).
49) 2006년 B Lab이 시작한 운동으로 경제적 수익을 추구하면서도 직원, 지역 커뮤니티,
   고객 등 모든 이해관계자의 이익을 추구하는 기업을 인증해 준다. 제품이나 서비스뿐
   만 아니라 지배구조, 직원, 커뮤니티, 환경 등에 긍정적인 임팩트를 주어야 한다.
50) https://venturebeat.com/2018/10/29/intel-hits-diversity-targets-for-u-s-
   workforce-2-years-ahead-of-goal/
51) https://www.forbes.com/sites/simonmainwaring/2019/04/30/purpose-at-work-
   how-seventh-generation-accelerates-sustainable-growth/#2f2a9ab21547
52) https://www.bloomberg.com/news/articles/2018-05-03/even-wall-street-couldn-

t-protect-toms-shoes-from-retail-s-storm

53) https://www.fastcompany.com/1679628/the-broken-buy-one-give-one-model-three-ways-to-save-toms-shoes

54) https://www.fastcompany.com/90344987/toms-made-buy-one-give-one-famous-now-its-updating-the-model

55) https://www.forbes.com/sites/jaycoengilbert/2019/01/09/allbirds-reported-billion-dollar-valuation-what-makes-these-strange-birds-fly/#4d1621b57d38

56) https://www.huffpost.com/entry/what-is-fast-fashion-actually-doing-about-sustainability_n_594d2e9be4b0c85b96c658a4

57) https://www.nytimes.com/2017/08/11/technology/allbird-shoes-silicon-valley.html

58) https://www.fastcompany.com/company/everlane

59) https://en.reset.org/blog/vegea-eco-friendly-vegan-leather-wine-industry-leftovers-05212018

60) https://danandmez.com/blog/wine-leather/

61) https://globalchangeaward.com/winners/grape-leather/

62) https://link.springer.com/article/10.1007/s11628-006-0009-4

63) https://resourcecentre.savethechildren.net/library/childrens-rights-and-business-principles-crbp

64) https://foodheroespodcast.com/2019/07/26/ep-036-david-batstone-not-for-sale-and-rebbl-building-a-future-without-human-trafficking-and-exploitation/

65) 기업의 내부 환경과 외부 환경을 분석하여 강점(strength), 약점(weakness), 기회(opportunity), 위협(threat) 요인을 규정하고 이를 토대로 경영전략을 수립하는 방법.

66) https://www.toptal.com/finance/business-model-consultants/competitive-strategy-examples

67) https://www.washingtonpost.com/local/obituaries/herb-kelleher-visionary-co-founder-and-chief-executive-of-southwest-airlines-dies-at-87/2019/01/04/7d3160e2-1031-11e9-84fc-d58c33d6c8c7_story.html

68) https://www.nytimes.com/2019/01/03/obituaries/herb-kelleher-whose-southwest-airlines-reshaped-the-industry-dies-at-87.html

69) https://www.washingtonpost.com/local/obituaries/herb-kelleher-visionary-co-founder-and-chief-executive-of-southwest-airlines-dies-at-87/2019/01/04/7d3160e2-1031-11e9-84fc-d58c33d6c8c7_story.html

70) Adam M. Grant. "Does intrinsic motivation fuel the prosocial fire? Motivational synergy in predicting persistence, performance, and productivity." *Journal of Applied Psychology* (January 2008, Vol 93, No. 1), pp. 48-58, psycnet.apa.org

71) Jan-Emmanuel de Neve et al., "Work and well-being: A global perspective," in *Global Happiness Policy Report*, edited by Global Council for Happiness and Wellbeing. (New York, NY: Sustainable Development Solutions Network, 2018).

72) 이상적인 고객이 가진 특성을 표현한 것.

73) https://www.forbes.com/sites/strategyand/2016/08/11/how-to-turn-your-cost-cutting-strategy-into-a-growth-strategy/#11392cfe7fc6

74) https://www.cheatsheet.com/money-career/amazon-takeover-brands-never-knew-amazon-products.html/

75) https://www.ft.com/content/1b441d84-e9a7-11e9-85f4-d00e5018f061